MON CAHIER
BEACH BODY

SISSY

ILLUSTRATIONS : AUDREY BUSSI (INTÉRIEUR)
ET ISABELLE MAROGER (COUVERTURE)

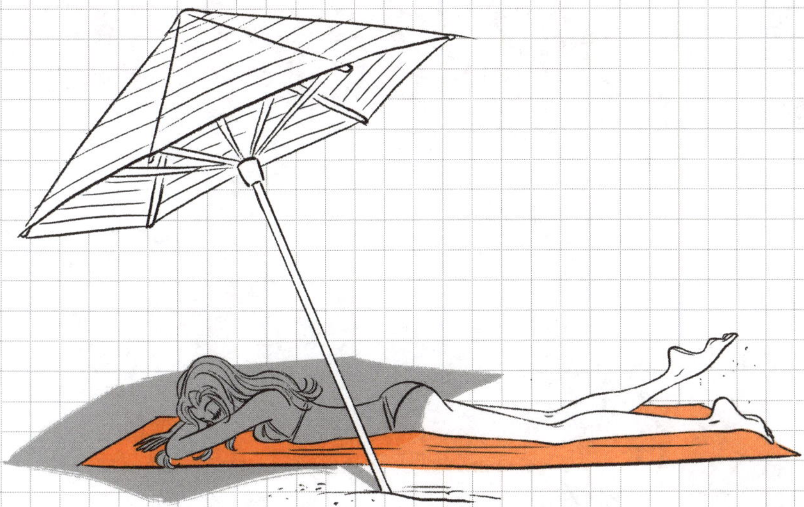

SOLAR
EDITIONS

SOMMAIRE

Introduction 3

Test : Quelle beach girl sommeille en vous ? 4

Mon bilan avant 6

Chapitre 1 À moi le beach body fort, tonique et svelte ! 8

Chapitre 2 Mon régime sunny 36

Chapitre 3 Je sublime mon beach body ! 54

Chapitre 4 Mon beach body challenge 67

Bilan 92

Carnet d'adresses 94

Introduction

Tous les ans à la même époque, celle du maillot de bain, vous prenez conscience que votre corps et votre esprit se sont ramollis durant l'hiver. Vous avez le teint pâle, votre ventre ou vos fesses se sont arrondis et, surtout, vous êtes partisane du moindre effort. Et si, cette année, vous décidiez de changer les choses ? De vous préparer pour l'été, afin de vous sentir enfin belle et bien sur la plage et pour toute l'année ? De vous mettre au sport, non pas parce qu'il le faut, mais parce que vous en avez envie ? De prendre plaisir à vous chouchouter, parce que, oui, vous vous sentez bien dans votre peau ? Avoir un beach body va vous demander certes un peu de travail, mais le jeu en vaut la chandelle ! Le secret ? Renouer avec une vie saine et active tout en se faisant plaisir ! Et croyez-moi, se sentir bien dans son bikini n'a pas de prix.

Mon cahier Beach body va vous accompagner dès le printemps et durant toute la saison estivale en vous faisant pratiquer le fitness, en vous orientant vers une alimentation healthy et en vous soufflant toutes les meilleures astuces pour vous sublimer. Vous voulez un beach body pour cet été ? Vous voulez garder ce corps sublime toute l'année ? C'est parti !

Test : Quelle beach girl sommeille en vous ?

Il y a celles qui semblent être nées sirènes, qui sortent de l'eau les cheveux impeccablement coiffés et qui parviennent à marcher dans le sable avec une allure de top model. Et celles qui se tordent les pieds sur les galets, qui doivent remettre leur culotte de maillot de bain en place et qui se sentent mal à l'aise avec leurs petits kilos en trop. L'été est-il votre saison de prédilection ? Qu'est-ce qui peut faire de vous une véritable beach girl ? Faites le test !

❶ Quelle est votre saison préférée ?

- ◆ L'été.
- ● Le printemps.
- ▲ L'hiver.

❷ Question maillot de bain, vous êtes plutôt :

- ● Deux pièces emboîtant.
- ◆ Tanga et petit triangle.
- ▲ Une pièce couvrant.

❸ Niveau pratique physique, vous préférez :

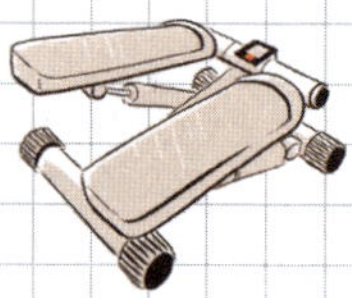

- ▲ Faire votre sport chez vous, avec des vidéos YouTube par exemple.
- ◆ Aller en salle car vous débordez d'énergie et aimez l'ambiance.
- ● Faire du cycling, du running, etc., dans un lieu paisible.

❹ Quelle relation entretenez-vous avec votre corps ?

- ● Vous souhaiteriez le tonifier et le galber.
- ◆ Vous en êtes contente et en prenez soin au quotidien.
- ▲ Vous ne vous sentez pas bien dans votre peau mais êtes prête à changer les choses.

❺ Concernant votre tenue de fitness…

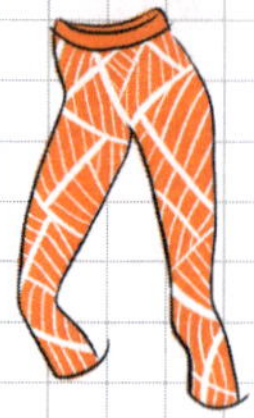

- ◆ Une brassière et un legging pour être au top.
- ● Un t-shirt et un short ou un pantalon sont de rigueur.
- ▲ Un pyjama fait l'affaire !

❻ Comment qualifieriez-vous votre alimentation ?

- ● Vous mangez plutôt sain mais ne vous refusez rien.
- ▲ Vous ne vous refusez rien : vous vous faites plaisir !
- ◆ Super équilibrée au quotidien.

❼ Vous avez choisi ce *Cahier Beach body* :

- ● Afin de vous accompagner dans votre parcours sportif.
- ◆ Pour ses astuces de remise en forme et beauté.
- ▲ Car vous souhaitez vraiment vous reprendre en main.

8 À la plage, vos activités, c'est :

- ● Baignade et lecture.
- ▲ Pêche aux coquillages et promenades le long de l'eau.
- ◆ Bronzette, causette avec les copines et drague des beaux garçons.

9 Votre style vestimentaire :

- ◆ Fashionista, vous tentez chaque nouveau look. De toute façon, tout vous va !
- ▲ Vos tenues sont confortables et fonctionnelles. La mode ? Euh...
- ● Vous aimez la mode, mais vous ne savez pas toujours vous mettre en valeur ni vous composer un look d'enfer.

10 Votre objectif pour la rentrée :

- ◆ Garder votre bronzage et votre bonne mine le plus longtemps possible.
- ● Avoir perdu du poids et avoir retrouvé la forme !
- ▲ Vous être bien reposée et revenir avec de beaux souvenirs.

Faites les comptes !

◆	●	▲

Vous avez une majorité de ◆ : *Vous êtes une vraie beach girl épanouie.*

Bien dans votre peau, vous adorez l'été ! Rien de mieux pour vous que siroter un cocktail de fruits, allongée sur le sable en maillot de bain. Votre but à la plage ? Bronzer et amener votre beauté à son maximum ! Si vous n'avez pas pour objectif de perdre du poids, vous trouverez néanmoins dans ce cahier plein d'astuces qui vous permettront de prendre soin de votre corps et de le mettre en valeur. Vous pourrez expérimenter de nouvelles recettes healthy, et les body challenges spécial bikini finiront de galber votre corps.

Vous avez une majorité de ● : *Si vous adorez la saison estivale, vous n'êtes pas toujours à l'aise en petite tenue.*

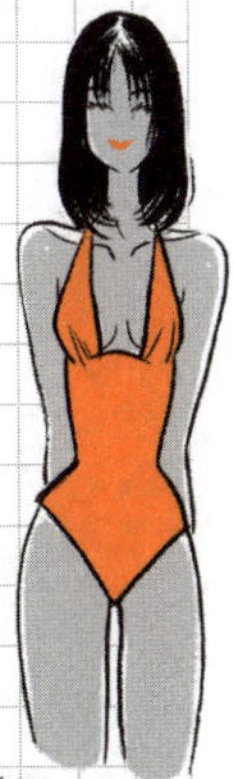

Adepte du paréo ou du trikini, vous aimeriez vous sentir mieux dans votre corps. Rien de tel pour vous que le printemps pour se reprendre en main, se remettre au sport et miser sur les bons plats frais et légers. Le programme proposé dans ce cahier vous permettra de vous tonifier et de vous galber sans contrainte. Cette année, la déesse à Copacabana, ce sera vous !

Vous avez une majorité de ▲ : *L'été n'est vraiment pas votre saison préférée.*

Si vous appréciez le beau temps et les douces chaleurs, vous aimez en revanche beaucoup moins porter des tenues légères. Peu à l'aise dans votre corps, vous ne cessez de le dénigrer et de le camoufler. Et si, au lieu de le détester, vous mettiez toutes les chances de votre côté pour devenir celle que vous rêvez d'être ? Patience et courage seront de rigueur, mais ce cahier sera votre meilleur allié ! Bientôt, vous dépenser et manger sain rimeront avec plaisir et bien-être !

Mon bilan avant

Mes mensurations avant

Ça y est, vous êtes prête à vous lancer dans l'aventure beach body ! Vous êtes dans les starting-blocks pour partir en shopping fitness et vous avez pris la résolution d'arrêter les Dragibus®. Avant de commencer, remplissez cette fiche de mensurations et prenez-vous en photo. Vous serez surprise des résultats dans un mois… et des changements dans votre mode de vie !

Mes mensurations

Tour de taille : ....

Tour de hanches : ....

Tour de fesses : ....

Tour de cuisses : ....

Tour de mollets : ....

Tour de bras : ....

Tour de poitrine : ....

Mes photos avant

Profil droit

Profil gauche

La balance pour apprécier votre évolution ? *Tss tss.* Le muscle, à volume égal, pèse plus lourd que la graisse. Si vous perdez du gras mais prenez du muscle, vous pourriez bien ne pas perdre 1 gramme… voire prendre du poids. Pourtant, votre silhouette se sera affinée, votre cellulite se sera estompée et votre corps sera bien plus fort et tonique qu'avant. La bonne méthode : noter vos mensurations et prendre des photos.

Mes objectifs

Poids ....

Taille de vêtements : ....

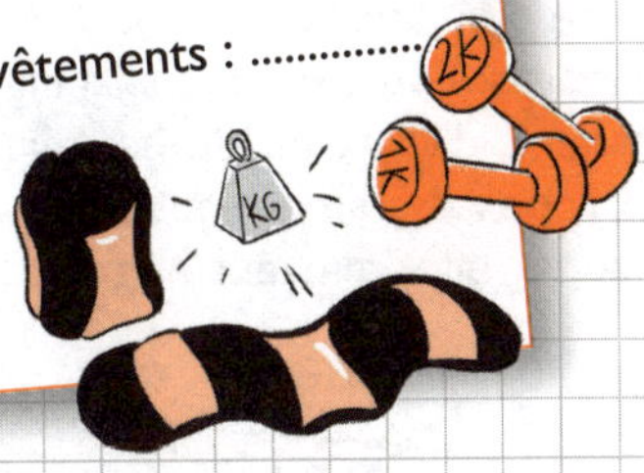

Mon alimentation est :

- ❑ Plutôt équilibrée
- ❑ Un peu trop gourmande
- ❑ Je mange plutôt mal

Suis-je une femme dynamique ?

❑ Oui ❑ Non

Mes points forts (les parties de mon corps que je préfère) :

....

Mes points faibles (les parties de mon corps que j'aimerais améliorer) :

....

Mes faiblesses (par exemple, je n'aime pas le sport et je suis sédentaire ou encore je suis plutôt gourmande) :

....

Mes objectifs :

- ❑ M'affiner
- ❑ Me tonifier
- ❑ Perdre ma cellulite
- ❑ Galber mon corps
- ❑ Prendre du volume

Avec ce guide, vous prenez un nouveau départ ! Ne voyez pas les conseils qui vont suivre comme des contraintes à respecter durant 4 semaines, mais plutôt comme un nouveau lifestyle que vous vous apprêtez à adopter pour toujours.

Chapitre 1

À moi le beach body fort, tonique et svelte !

Lorsqu'on souhaite se remettre au sport pour galber son corps avant l'été, on ne sait pas toujours vers quelle activité se tourner. Si on choisit souvent le running ou le cycling, parce qu'ils ne nécessitent ni matériel (presque tout le monde conserve un vélo dans son garage) ni expérience, il est néanmoins important de pratiquer un sport de renforcement musculaire, comme le fitness. Pratiquer uniquement des sports d'endurance améliorera votre souffle, affinera vos jambes et vos fesses… mais aussi votre poitrine, et il ne musclera pas l'intégralité de votre corps. Pour le body shaping de l'été, c'est raté. Au contraire, d'ici la fin de ce *Cahier Beach body*, vous aurez repris possession de tous les muscles de votre corps. Pour un super effet minceur et galbe !

Objectif fitness n° 1 : je me sculpte un beach body intégral !

Le fitness est un sport rapide, efficace et complet, qui sollicite l'ensemble des muscles du corps lorsqu'il est bien pratiqué. Travailler absolument tous vos muscles, même ceux dont vous ne soupçonnez pas l'existence, ni l'importance, comme ceux du dos, du buste ou de l'arrière des jambes, est le secret qui fera toute la différence. Mincir est une chose, mais ce sont la posture, l'équilibre et le galbe de votre silhouette qui vous donneront l'allure d'une déesse ! Travailler votre corps en globalité est intéressant pour 3 raisons.

Pour obtenir une silhouette harmonieuse

Il est essentiel pour l'équilibre esthétique de la silhouette de travailler autant le haut de son corps que le bas. En général, on se focalise sur les abdominaux, les jambes, et parfois les fesses. Pourtant, avoir de jolis bras musclés évitera l'effet chauve-souris tant redouté dans quelques années… Muscler vos épaules vous donnera une allure dynamique et athlétique, tout comme muscler votre dos vous permettra d'arborer un joli port de tête. Bref, de la classe et de la féminité !

Pour optimiser mes workouts

Muscler votre dos vous évitera douleurs et courbatures durant les squats, par exemple, et travailler vos épaules vous permettra de tenir bien plus longtemps durant votre gainage… En somme, les mouvements de fitness sollicitent non pas un mais plusieurs muscles. Il est donc nécessaire de renforcer tous ces muscles annexes pour pouvoir effectuer le mouvement correctement, sans se faire mal, et efficacement. Vous atteindrez vos objectifs plus rapidement !

Pour mincir plus facilement

Plus votre corps sera musclé, plus il brûlera d'énergie au repos, et plus vous mincirez, sans forcément manger moins ou vous entraîner plus. Cela signifie que votre métabolisme basal a augmenté (voir p. 11). Muscler votre dos, vos épaules, vos bras contribuera donc indirectement à affiner vos jambes et à faire disparaître vos poignées d'amour. Vous l'avez compris, si vous voulez un joli popotin rebondi, de jolies jambes fuselées et un ventre extra-plat, travaillez aussi votre dos, vos épaules et vos bras, c'est aussi simple que cela, et bien plus efficace que des heures de crunchs !

Vais-je ressembler à une Schwarzette ?

Pas d'inquiétude ! Les femmes ne peuvent naturellement pas développer autant leur masse musculaire que les hommes. C'est biologiquement impossible, car elles produisent en moyenne dix fois moins de testostérone (hormone impliquée dans le développement musculaire) que les hommes (et produisent beaucoup plus d'œstrogènes). Même en vous entraînant plusieurs fois par semaine, vous ne risquez rien. En revanche, vous gagnerez un corps plus galbé, plus tonique et plus athlétique.

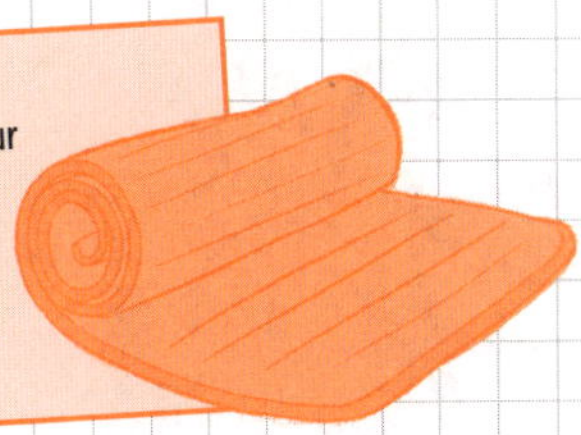

Objectif fitness n° 2 : je dézingue la cellulite !

Autre avantage, et non des moindres, le fitness est l'un des meilleurs sports contre la cellulite et autre peau d'orange. La cellulite est une conséquence normale de la production d'hormones, mais il est tout à fait possible d'en venir à bout. Ma véritable arme contre la cellulite ? Le fitness et la musculation (à associer avec un peu de cardio-training). Le type d'effort demandé lors de la pratique de ces activités sollicite fortement les muscles, brûle beaucoup d'énergie et déstocke les graisses accumulées. Rien de tel pour afficher de jolies gambettes bien lisses une fois l'été venu !

Objectif fitness n° 3 : je mincis vite !

Le fitness présente un autre avantage : être efficace en peu de temps. Inutile de passer ses soirées entières à la salle. Si vous êtes régulière, entre trois et quatre séances par semaine, à raison d'une heure maximum par séance, vous obtiendrez des résultats. Cela peut paraître beaucoup, mais en commençant progressivement par une, puis deux, puis trois séances par semaine, votre corps s'habituera à l'effort, et c'est même lui qui vous en redemandera. Au fil du temps, vous allez adorer vous muscler, et vous entraîner au fitness ne sera plus une contrainte ni un effort, mais un plaisir et une nécessité pour votre bien-être… Une véritable addiction !

Objectif fitness n° 4 : je me sens mieux dans ma peau !

Vous allez adorer sentir votre corps vivant et fort. Le fitness va vous aider à reprendre confiance en vous et à gagner en assurance, car vous allez relever des défis, vous dépasser. Vous allez renouer une meilleure relation avec votre corps, vous pourrez compter sur lui, vous saurez l'écouter. Vous serez plus à l'aise avec votre corps, vous serez en phase avec lui. Il vous donnera une meilleure présence et prestance. Sans compter que vous serez plus autonome, en étant capable de porter toute seule vos courses, par exemple.

Je brûle des calories !

Vous n'êtes pas encore tout à fait convaincue de l'utilité de vous bouger (et de souffrir un tout petit peu, au début) pour mincir ? Vous comptez tout miser sur le régime ? Stop ! Le fitness vous fera peut-être mal aux cuisses les premières fois (avant de devenir une véritable addiction), mais il est bien plus efficace. Rapport effort/dépense calorique, il bat le régime à plate couture. Et cela grâce à l'augmentation du métabolisme basal.

Le métabolisme basal, quèsaco ?

Le métabolisme basal, ou métabolisme de base, est l'énergie que dépense le corps pour son fonctionnement au repos, durant la journée. Il s'agit donc des besoins incompressibles du corps pour maintenir en activité ses fonctions vitales, comme celles du cœur, du cerveau, des poumons… Le métabolisme basal dépend de très nombreux paramètres, comme le sexe, l'âge et le poids, et tend à diminuer avec les années.

Je calcule mon métabolisme basal

La formule actuelle du métabolisme basal d'une femme est :
655,1 + (9,6 × poids en kg : ....) + (1,9 × taille en cm : ....) + (4,7 × âge en années : ....)

Mon métabolisme basal est de .... kcal/jour.

Ce chiffre indique le nombre de calories minimum dont votre corps a besoin pour vivre. Vous ne devez jamais consommer moins de calories que votre métabolisme basal, au risque de mettre votre corps en mode disette… ou en danger.

À quoi ça sert ?

Vous muscler augmente votre métabolisme basal. En clair : même au repos, votre corps dépense davantage d'énergie (de calories) qu'auparavant, le muscle consommant pour son entretien bien plus d'énergie que la graisse.
Avec le fitness, vous pourrez augmenter votre métabolisme basal pendant l'entraînement de 20 à 40 % en moyenne, et au repos, de près de 20 % ! En somme, en pratiquant une activité physique régulièrement, vous allez pouvoir mincir sans faire de régime… et même sans rien faire du tout. Qui dit mieux ?

Et le cardio… ?

Le fitness met en œuvre plusieurs types d'exercices. La majorité sont des exercices de renforcement musculaire, utiles pour vous muscler, pour galber votre corps. D'autres exercices, de cardio, boostent votre organisme en faisant travailler le système cardio-vasculaire. La pratique de la musculation est idéale lorsque l'on souhaite remodeler sa silhouette, mais il ne faut pas pour autant négliger l'activité cardio, en se concoctant des séances spéciales et même en pratiquant une activité complémentaire uniquement cardio. C'est le combo idéal pour mincir vite et bien !

Le cardio, qu'est-ce que c'est ?

Vous savez peut-être déjà qu'il existe plusieurs types de cardio : le cardio à haute intensité, aussi appelé HIIT (*High Intensity Interval Training*) et le cardio à plus faible intensité : LISS (*Low Intensity Steady State*). Ces deux activités visent à solliciter et renforcer le cœur (puisque celui-ci est un muscle). Bien que, dans l'inconscient collectif, l'activité cardio se résume souvent à la pratique d'un sport d'endurance sur une longue durée, il y a bien plus de possibilités que cela.

Le HIIT

Le HIIT, comme son nom anglais le suggère, est une activité de haute intensité, effectuée par intervalles et entrecoupée de pauses de récupération. En raison de l'effort intense demandé, les séances HIIT ne peuvent jamais être très longues et dépassent rarement les 20 minutes. Ce type d'activité a l'énorme avantage d'augmenter le métabolisme, même longtemps après la fin de l'exercice. Il est donc particulièrement intéressant pour brûler de l'énergie et perdre du gras en phase de repos. Autre avantage non négligeable : de par sa rapidité et sa facilité de mise en œuvre, on peut pratiquer du HIIT absolument n'importe où, n'importe quand. La séance peut être composée de corde à sauter, de sprints, de stepper, de sauts…

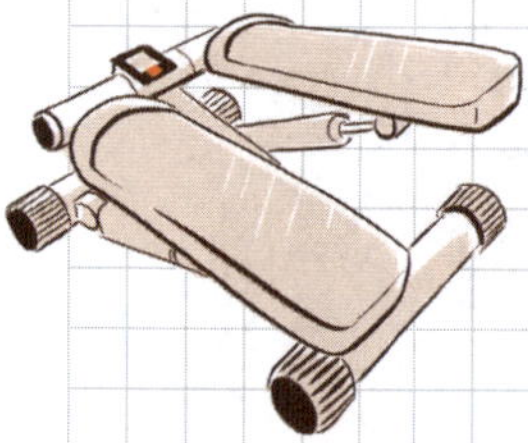

Le LISS

Le LISS, quant à lui, est une activité bien plus longue mais moins intense. Son principe est de conserver une intensité constante durant toute la durée de la pratique. Une séance LISS peut

par exemple consister en un footing de 45 minutes à 1 heure, en une sortie vélo… Les séances LISS brûlent beaucoup d'énergie en activité, mais elles en brûlent bien moins longtemps au repos que les séances HIIT.

Mesurez votre fréquence cardiaque

Pour une séance cardio efficace, votre fréquence cardiaque doit se situer aux alentours de 60 % de votre fréquence cardiaque maximale observée. À vos calculatrices !

220 – .... (âge en années) = ... (fréquence cardiaque maximale en battements par minute)

Ce qui signifie que votre fréquence cardiaque en séance cardio doit se situer à :
.... (fréquence cardiaque maximale) × 0,4
= .... battements par minute.

HIIT ou LISS, je fonce !

L'idéal, pour bénéficier de tous les avantages du cardio, est de mixer les deux types d'activités dans la semaine ou dans le mois. Vous pouvez par exemple faire une séance de fitness HIIT deux fois par semaine, et une séance cardio LISS le week-end, une fois par semaine.

À quoi ça sert pour ma silhouette ?

La dépense énergétique induite par le sport contribue, petit à petit, à réduire la quantité de masse grasse de votre corps. Or le cardio est le champion de la dépense énergétique, donc de la perte de graisse ! En l'associant à une alimentation équilibrée et variée, vous mettez toutes les chances de votre côté pour vous affiner. Néanmoins, vous ne pourrez pas choisir la zone que vous souhaitez affiner (et ceci vaut pour n'importe quel sport). Votre perte de poids sera globale. Mais, en vous sculptant *via* le renforcement musculaire, vous obtiendrez le meilleur des résultats.

Le renforcement musculaire engendre une dépense énergétique plus faible que le cardio durant la séance, mais ses effets seront plus durables. En alliant musculation et cardio-training dans votre séance de fitness, vous optimisez donc vos chances de réduire votre masse grasse.

Comment j'organise mes séances cardio ?

Quel moment de la journée je choisis ?

Certains préconisent de pratiquer le cardio-training à jeun, car cela inciterait le corps à puiser l'énergie nécessaire à l'effort dans le gras plutôt que dans le glucose sanguin (nul après une nuit de jeûne). D'autres études affirment que cette différence est insignifiante, mais que le risque de perdre de la masse musculaire est bien réel. Je vous conseille donc de pratiquer votre séance de cardio dans la journée, le matin ou l'après-midi, après un repas léger. Cela évitera les « coups de barre » et fringales aux personnes sensibles.

S'il est important de manger avant votre activité, particulièrement si vous courez le matin, il ne s'agit pas d'ingurgiter n'importe quoi. Privilégiez les petits déjeuners équilibrés, comportant des glucides à indice glycémique faible, des protéines et des lipides de bonne qualité (voir recettes p. 46-47). Mangez suffisamment pour avoir de l'énergie, mais pas trop pour ne pas vous sentir lourde.

Quel moment de la semaine je choisis ?

L'activité cardio-training étant particulièrement énergivore, je conseille – surtout si vous êtes débutante – de la pratiquer les jours où vous ne faites pas de renforcement musculaire. Si vous faites plusieurs séances de fitness durant la semaine, gardez votre séance cardio pure et dure pour le week-end. Mais veillez toujours à conserver deux jours de repos dans votre semaine afin de ne pas enchaîner plus de deux ou trois séances de suite, et laisser à votre corps le temps de récupérer.

Je planifie mes séances cardio

Cochez l'activité HIIT que vous choisissez :

- ❑ Corde à sauter
- ❑ Running en fractionné
- ❑ Circuit : ....

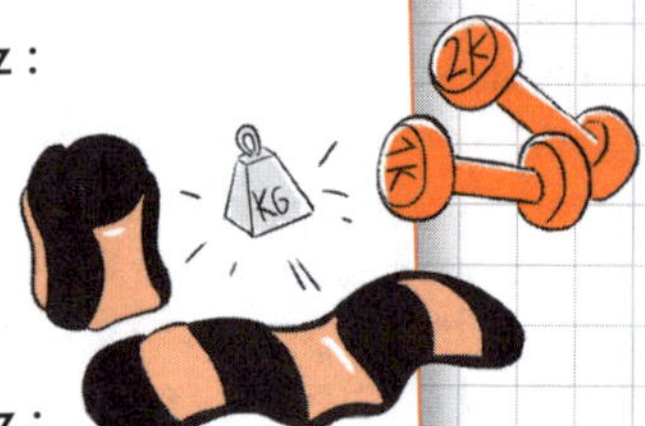

Cochez l'activité LISS que vous choisissez :

- ❑ Cycling
- ❑ Running
- ❑ Roller
- ❑ Natation
- ❑ Marche rapide
- ❑ Autre : ....

Les erreurs à ne pas commettre

Avant de vous lancer, voici encore quelques pièges à éviter.

Erreur n° 1 : être trop pressée

Perdre 10 kilos et 5 cm de tour de fesses ne se fait pas en un mois. Vous peser ou vous mesurer tous les jours ne servira à rien qu'à vous démotiver !

Erreur n° 2 : s'entraîner trop souvent

La deuxième erreur la plus courante est de se surentraîner. En effet, vous ne progresserez pas plus vite, cela peut même vous ralentir. C'est le cas notamment des challenges squats sur 30 jours, par exemple, où vous sollicitez le même groupe musculaire tous les jours. Vos muscles doivent récupérer 48 heures minimum avant d'être sollicités de nouveau et, de manière générale, vous devez avoir au moins deux jours de récupération dans la semaine, au risque de vous épuiser et de ne plus progresser.

Sans compter que le surentraînement est le meilleur moyen de vous écœurer. Même si vous êtes ultra-motivée, allez-y petit à petit. Le retard pris au début sera vite rattrapé.

Erreur n° 3 : ne pas s'alimenter suffisamment

De nombreuses jeunes femmes s'étonnent de ne plus évoluer, alors qu'elles s'entraînent six fois par semaine et font une « sèche » ou un régime. La « sèche », mot que l'on emploie souvent à tort, désigne initialement un régime alimentaire spécifique permettant aux bodybuilders d'éliminer la couche d'eau située entre le muscle et la peau. Donc, un peu extrême pour vous. Dans tous les cas, si vous pratiquez du fitness régulièrement et que vous avez une vie active, votre corps a besoin d'être nourri en conséquence. La privation ne fera qu'abaisser votre métabolisme basal, alors qu'une alimentation équilibrée, pleine des nutriments dont votre corps a besoin, vous apportera toute l'énergie pour vous dépenser et nourrir vos muscles. Dans un premier temps, ne cherchez pas à manger moins, mais à manger mieux !

Erreur n° 4 : Avoir un mauvais objectif

Bon nombre de jeunes sportives se fixent des objectifs trop ambitieux : se donner un temps bien trop court (par exemple, perdre 5 kilos en un mois) ou viser un idéal physique irréaliste (obtenir les abdos de Paige Hathaway). Rien de tel pour se décourager. La bonne démarche est de vouloir progresser, quel que soit son point de départ. Trouver une meilleure version de soi, plutôt que le corps d'une autre. Ces objectifs-là sont atteignables et vous stimuleront vraiment.

Je me prépare !

Pour devenir une fit-girl accomplie, tout commence par la tenue et le matériel. L'habit ne fait pas le moine… mais un peu quand même. Il ne vous viendrait pas à l'esprit d'aller faire du roller avec les vieux patins en bois de votre arrière-grande-tante ? Il en va de même pour le fitness. Bien que ce sport ne nécessite pas beaucoup d'accessoires, il est indispensable, pour pratiquer en toute sécurité autant que pour se motiver, de disposer de matériel de qualité.

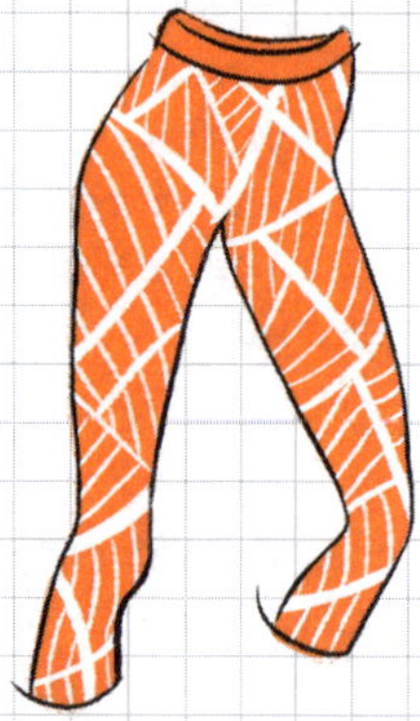

Ma tenue de fit-girl

Que vous pratiquiez chez vous ou en salle, la tenue de fitness est primordiale. C'est elle qui vous motivera à bouger ; elle vous permettra d'être à l'aise dans vos mouvements et vous accompagnera durant tous vos exercices.

- **Si vous faites vos exercices chez vous,** choisissez une tenue confortable, qui vous motive, comme une petite brassière et un short ou un legging, par exemple. Oubliez tout de suite l'idée même de pratiquer en pyjama. En choisissant un modèle qui vous plaît, vous aurez envie de l'enfiler et de commencer votre workout.
- **Si vous vous entraînez en salle,** choisissez une tenue qui vous plaît, mais aussi dans laquelle vous êtes à l'aise. Inutile d'acheter une brassière si vous avez peur de montrer votre petit bidou.
- **Si vous vous entraînez outdoor,** adaptez votre tenue en fonction de la saison. Couvrez-vous, choisissez des matières plus chaudes pour l'hiver et surtout respirantes, afin de ne pas tomber malade à cause d'une transpiration froide retenue par le t-shirt.

La matière

Optez pour une matière qui sèche vite et laisse passer l'air, afin de ne pas vous retrouver dans un sauna. Je privilégie pour ma part les tenues à base de coton, car, contrairement à certaines matières synthétiques, elles ne prennent pas de mauvaises odeurs lorsqu'on transpire. Méfiez-vous de toutes les marques non spécialisées dans le fitness qui se lancent dans les vêtements de sport. Les coupes sont souvent mal ajustées et les maintiens rarement élaborés. Vous risquez de vous retrouver avec un legging qui glisse pendant la séance ou une brassière qui ne vous maintient pas du tout la poitrine pendant vos jump squats.

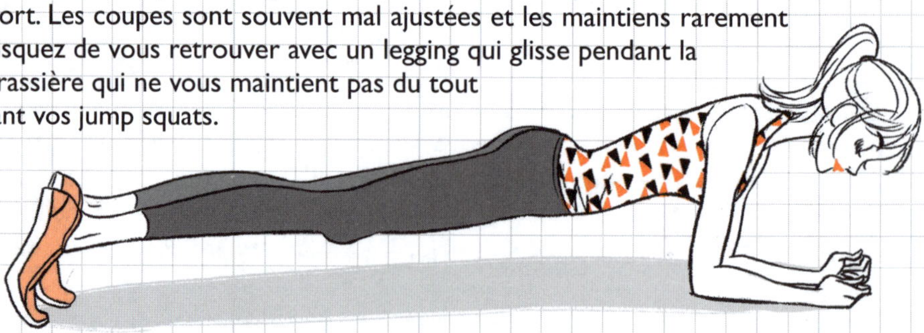

Les chaussures

Il est important d'avoir une paire de baskets spécialement conçues pour le fitness. Faire votre sport sur la moquette de votre chambre n'est pas une raison valable pour vous entraîner pieds nus. Certains exercices génèrent de nombreux impacts sur les articulations ou la colonne vertébrale et imposent de porter des chaussures avec un amorti adapté. Si vous êtes perdue devant le nombre incalculable de chaussures du magasin, n'hésitez pas à vous faire conseiller.

Le tapis de fitness (ou de yoga)

Je vous recommande d'acheter un bon tapis de fitness. Il en existe de toutes sortes, de toutes épaisseurs et de toutes les couleurs. Choisissez-le suffisamment épais afin d'être bien installée lors d'exercices comme les abdos, le gainage ou encore le fessier. Votre tapis doit protéger votre dos, vos avant-bras ou vos genoux, sans quoi la douleur vous empêchera d'aller au bout des exercices. Je vous déconseille les premiers prix, généralement aussi fins qu'une tong, mais il n'est pas pour autant indispensable d'investir dans un tapis de compétition ou de marque. Le tout est que vous soyez confortable sans avoir à le doubler.

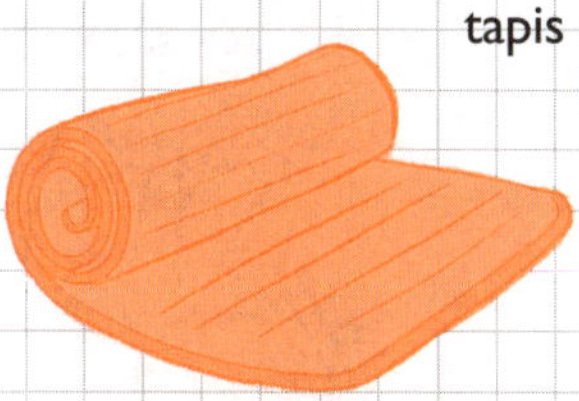

Les haltères et lests

Au bout d'un moment, ce type d'équipement sera beaucoup plus pratique qu'empiler les packs d'eau sur vos épaules pour faire vos squats, et le prix du matériel sera vite amorti. Je vous déconseille les haltères au poids déterminé, de 1, 2, 3 kilos… Elles finiront au placard dès que votre force évoluera. Préférez plutôt les kits d'haltères modulables, constitués de deux petites barres et de disques. Vous pourrez ainsi mettre le poids désiré en additionnant ou enlevant des disques, et vos haltères vous suivront durant tout votre parcours. De même, lorsque vous serez à l'aise avec des mouvements comme les squats, vous pourrez investir dans une barre afin d'y placer des poids de part et d'autre. Les lests (petits poids que l'on peut attacher autour des chevilles, par exemple) peuvent également être très utiles lorsque vous travaillez votre fessier.

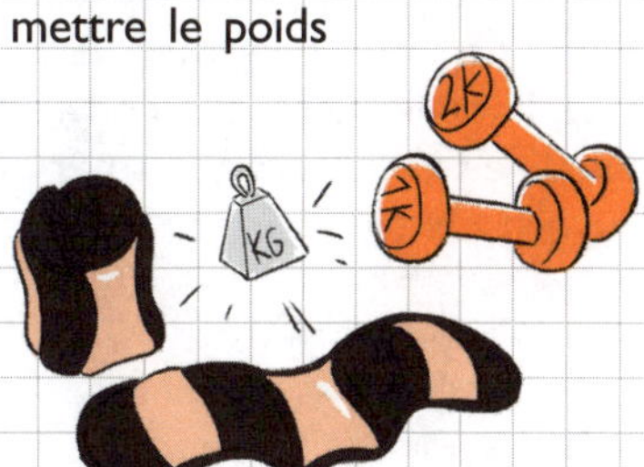

Comment planifier mes séances ?

Hop, dernière étape avant de vous lancer : vous or-ga-ni-ser ! Pour être sûre de vous y tenir et de tenir la distance, mieux vaut que votre séance de sport soit planifiée dans votre agenda et qu'elle s'y intègre bien. Mais il faut aussi que ce soit le bon moment pour votre corps.

Quand planifier mon training ?

Le moment optimal

On peut penser qu'il est préférable de faire son sport le matin, ou plutôt le soir, avant manger ou encore après. Difficile de se retrouver parmi toutes les recommandations divergentes. Il a été démontré par la science que le corps humain est le plus performant aux alentours des 17-18 heures. Celui-ci aurait une meilleure puissance et endurance, et ce serait aussi l'heure où nous serions le plus motivés. Si vous êtes disponible et en forme en fin de journée, c'est donc sûrement le meilleur moment pour vous entraîner. Néanmoins, si vos horaires sont incompatibles, pas de problème : vous pouvez tout à fait faire votre séance à un autre moment.

Le moment qui me convient

Même si certains moments sont plus propices que d'autres à la pratique sportive, faites vos séances quand vous en avez envie. Il est primordial que votre séance sportive reste un plaisir, un moment que vous vous consacrez. Une pause détente dans votre quotidien surbooké. Comme vous l'avez compris, les résultats apparaîtront si vous êtes régulière et si vous adoptez le fitness comme un nouveau mode de vie. Vous forcer à faire votre séance à 6 heures du matin avant de partir au travail, ou le soir à 22 heures n'est pas une bonne idée. Choisissez l'horaire qui vous convient le mieux, et tenez-vous-y ! Mieux vaut faire ses séances à des périodes moins recommandées que de se bouger à contrecœur et arrêter deux semaines plus tard.

Il est préférable de suivre une règle, cependant : ne pas s'entraîner trop près d'un repas, ou trop loin. Je suis contre la pratique du sport à jeun (voir p. 14), et il vaut mieux éviter les efforts juste après avoir mangé, même légèrement, pour ne pas être en pleine digestion.

Je note !

Planifiez vos séances fitness et cardio

	Lundi	Mardi	Mercredi	Jeudi	Vendredi	Samedi	Dimanche
Training fitness (3 séances d'1 heure par semaine)	Oui/Non	Oui/Non	Oui/Non	Oui/Non	Oui/Non	Oui/Non	Oui/Non
	De .... h à .... h	De .... h à .... h	De .... h à .... h	De .... h à .... h	De .... h à .... h	De .... h à .... h	De .... h à .... h
Cardio-training	Oui/Non	Oui/Non	Oui/Non	Oui/Non	Oui/Non	Oui/Non	Oui/Non
	De .... h à .... h	De .... h à .... h	De .... h à .... h	De .... h à .... h	De .... h à .... h	De .... h à .... h	De .... h à .... h

Je personnalise mon entraînement selon mes objectifs

Contrairement aux cours collectifs où vous êtes contrainte de suivre un rythme imposé, le fitness vous permet de personnaliser votre entraînement. Attention, cela ne signifie pas faire uniquement des squats, des fentes ou des abdos. C'est orienter votre entraînement en fonction des résultats souhaités, et surtout de votre niveau.

J'y vais progressivement

Lorsque l'on débute le fitness, surtout à la maison, il est fortement conseillé de commencer sans poids, ou avec des poids très légers. Faire les mouvements avec seulement le poids du corps vous permettra de mieux appréhender les postures, de vous familiariser avec votre corps et de ne pas vous faire mal. Si certaines mauvaises positions (comme sur le squat) peuvent être bénignes sans poids, elles deviennent dangereuses avec des charges plus lourdes, notamment pour le dos. Vous avez l'impression de ne pas forcer ? Travailler sans poids sur des séries longues vous fera transpirer, vous verrez ! Cette méthode est un très bon moyen de renouer avec le sport en douceur, sans se brusquer ni se blesser, tout en obtenant d'excellents résultats.

Si vous avez un professionnel dans votre entourage, n'hésitez pas à lui demander de corriger vos postures, pour éviter les blessures du début.

Je cible en fonction de mes objectifs

Si vous souhaitez vous créer un entraînement personnalisé, je vous conseille de découper vos séances en deux parties : une partie haut du corps et une partie bas du corps. Si vous faites quatre fois du fitness par semaine, consacrez deux séances au haut du corps, comme le dos, les épaules ou encore les bras, et deux au bas du corps, comme les jambes et le fessier. Si jamais vous n'en faites que trois, faites une de chaque, et consacrez la troisième à votre point faible : deux séances jambes et une haut du corps si vos jambes ont du retard, ou l'inverse. Cette répartition peut tout à fait être modifiée avec le temps, en fonction de votre évolution et de vos objectifs.

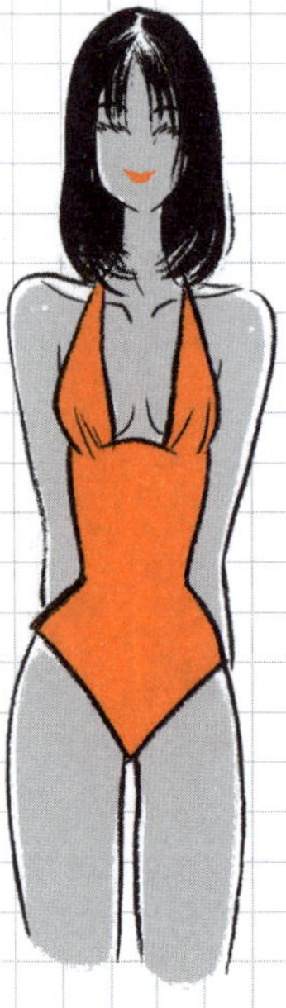

Pour l'appliquer à ce cahier...
Le challenge body proposé dans ce cahier (p. 67) est universel. Il vise à travailler l'ensemble de votre corps de manière équitable afin de vous prodiguer les meilleurs résultats. Néanmoins, si vous souhaitez travailler davantage le bas ou le haut de votre corps, vous pouvez tout à fait rajouter une séance dans la semaine en reproduisant deux fois celle qui vous intéresse.

Je progresse !

N'hésitez pas à changer votre programme dès que vous avez l'impression de stagner. S'il est inutile d'en changer tous les mois, il est bénéfique de le faire évoluer dès que vous n'observez plus aucun effet physique. Cela signifiera qu'il est temps de varier vos exercices et vos méthodes d'entraînement. Surtout, ne prenez aucune méthode pour acquise et pensez à changer.

Avant de commencer : warm-up !

Dernière étape avant les choses sérieuses : l'échauffement. L'échauffement et les étirements font partie intégrante du training. Vouloir sauter cette étape par flemme ou manque de temps est un mauvais choix. Vous vous sentez bien aujourd'hui, mais qu'en sera-t-il demain quand vous serez aussi raide qu'un piquet ?

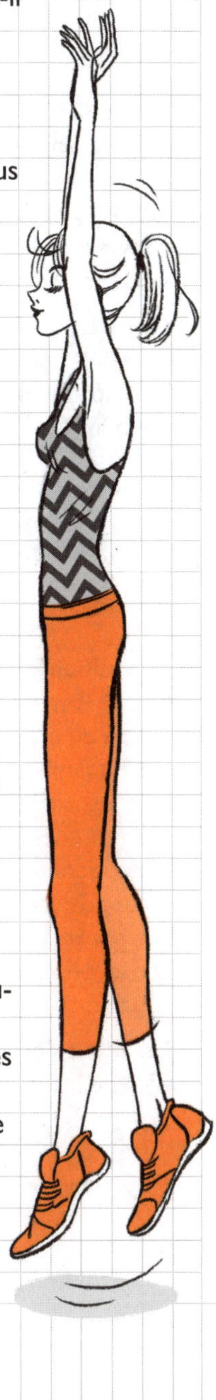

Les bénéfices d'un bon échauffement

Il est parfois rébarbatif de consacrer du temps à son échauffement, mais vous avez tout à y gagner. L'échauffement a plusieurs objectifs :

- Un échauffement type petit running, HIIT ou encore vélo elliptique augmente la température corporelle et met votre corps dans de meilleures conditions. Les exercices seront ensuite plus faciles à effectuer.
- Un échauffement plus ciblé, comme des flexions sans charge ou du rameur, vous permettra d'échauffer plus localement vos jambes ou votre buste afin d'éviter les blessures.
- Enfin, l'échauffement vous permet de passer d'un mode repos à un mode actif en douceur, sans brusquer votre corps.

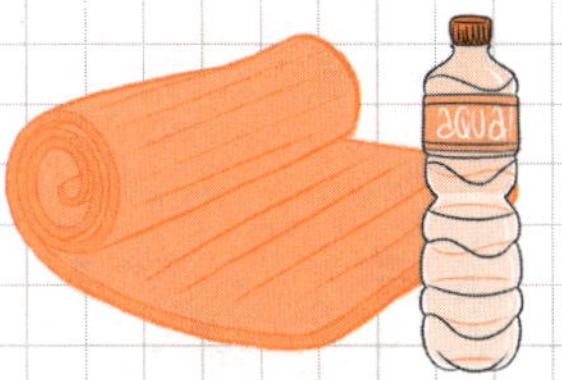

Comment je m'y prends ?

Votre séance d'échauffement doit durer une quinzaine de minutes. Veuillez donc à ne pas confondre échauffement et séance de cardio-training. Si votre échauffement est trop long, vous risquez de trop puiser dans vos ressources et de vous fatiguer inutilement. Enchaînez rapidement avec votre séance, afin de ne pas perdre les bénéfices de l'échauffement.

Les échauffements de base

Pour échauffer votre buste, par exemple :

- Commencez par effectuer des rotations de tête, en la faisant rouler précautionneusement sur vos épaules.
- Prenez ensuite une barre, vos mains à ses extrémités, et dessinez des cercles dans l'air, bras tendus, pour échauffer les articulations de vos épaules.
- Placez la barre sur vos épaules, maintenez-la avec vos mains, et tournez le buste à droite et à gauche afin d'échauffer votre tronc.

Pour échauffer le bas de votre corps, vous pouvez par exemple faire quelques minutes de vélo, monter les marches de votre escalier, faire un petit peu de corde à sauter.

Je m'entraîne !

À présent que vous êtes équipée, préparée et motivée, c'est le moment de vous lancer ! Apprenez à bien réaliser vos exercices avec ce guide des mouvements expliqués pas à pas. Vous les retrouverez organisés en circuits dans le body challenge, au chapitre 4 (p. 67).

Rotations de bras

Debout, jambes non verrouillées, élevez vos bras latéralement jusqu'à ce qu'ils soient parallèles au sol, puis effectuez de petits cercles avec vos bras dans un sens, puis dans l'autre.

Le but : travailler les épaules pour un buste tonique et féminin.

Montées de genoux

Debout, sautillez sur place en montant alternativement vos genoux jusqu'à ce que vos cuisses soient parallèles au sol.

Le but : s'échauffer et faire du cardio.

Jumping jacks

En position initiale debout, bras le long du corps, sautez en écartant à la fois les jambes et les bras jusqu'à joindre vos mains au-dessus de la tête. Réceptionnez-vous dans cette position, puis donnez une seconde impulsion afin de retrouver la posture de départ.

Le but : s'échauffer et faire du cardio.

Restez bien gainée durant tout l'exercice.

Talons-fesses

Faites comme si vous couriez sur place, en touchant vos fesses avec les talons à chaque foulée.

Le but : s'échauffer et faire du cardio.

Sauts

Il s'agit tout simplement de sauter sur place : fléchissez les jambes, donnez une impulsion sur vos pieds, et sautez, jambes jointes et tendues, avant de retomber à nouveau jambes pliées.

Le but : s'échauffer et faire du cardio.

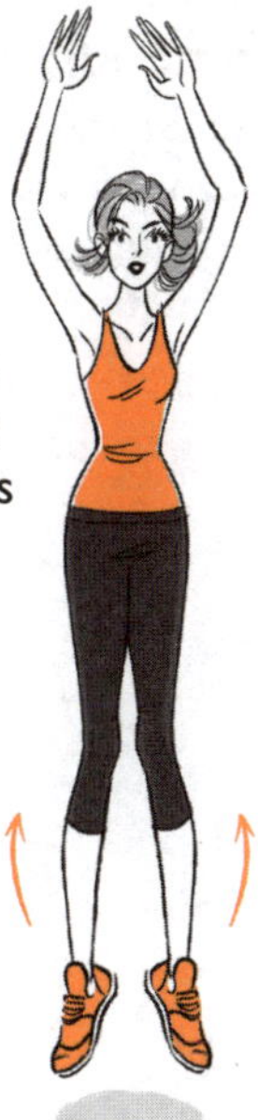

Battements de jambes

Veillez à bien garder vos deux jambes tendues pendant le mouvement.

Debout, les jambes tendues mais non verrouillées et les pieds écartés largeur des épaules, levez une jambe le plus haut possible, jusqu'à toucher la main de la pointe du pied. Recommencez avec l'autre jambe.

Le but : s'échauffer et faire du cardio.

Extensions de mollets

Debout, les pieds écartés d'environ 20 à 30 centimètres, montez sur votre demi-pointe et redescendez. Répétez.

Le but : travailler les jambes pour les affûter et galber les fessiers.

Squats

Pour commencer, tenez-vous debout avec un écartement des pieds de la largeur de vos épaules. Descendez le buste en inspirant jusqu'à ce que vos cuisses soient parallèles au sol, comme lorsque vous êtes assise. Remontez en expirant.

Le but : travailler les jambes pour les affûter et galber les fessiers.

Lors de la descente, faites attention à ce que vos fesses aillent vers l'arrière et que ce ne soient pas vos genoux qui aillent vers l'avant. Votre dos doit être légèrement cambré.

Jump squats

C'est la version « saut » du squat. Descendez en position de squat et, au moment de remonter, donnez une impulsion sur vos jambes et sautez, avant de retomber en position de squat.

Le but : faire du cardio.

Squats petite amplitude

Au lieu de remonter en position debout, relevez-vous seulement d'une vingtaine de centimètres. Cela permet de conserver la contraction des muscles sollicités.

Le but : travailler les jambes pour les affûter et galber les fessiers.

Sumo squats

Dans cette variante de squats, écartez largement les pieds et orientez la pointe vers l'extérieur avant de descendre en squat, puis de remonter, en gardant le dos bien droit.

Le but : travailler les jambes pour les affûter et galber les fessiers.

Sumo squats petite amplitude

Il s'agit de la version petite amplitude du sumo squat. Comme pour le squat petite amplitude, la remontée ne se fait que sur quelque dizaine de centimètres afin de conserver la contraction.

Le but : travailler les jambes pour les affûter et galber les fessiers.

Levés de bassin

Allongée au sol ou assise, le haut du dos appuyé sur un banc ou une chaise stable de même hauteur. Pliez vos jambes devant vous et poussez sur les talons pour soulever les fesses. Ainsi, montez et descendez votre bassin en contractant bien le fessier. Restez bien gainée au niveau des abdominaux et du dos.

Le but : travailler les jambes pour les affûter et galber les fessiers.

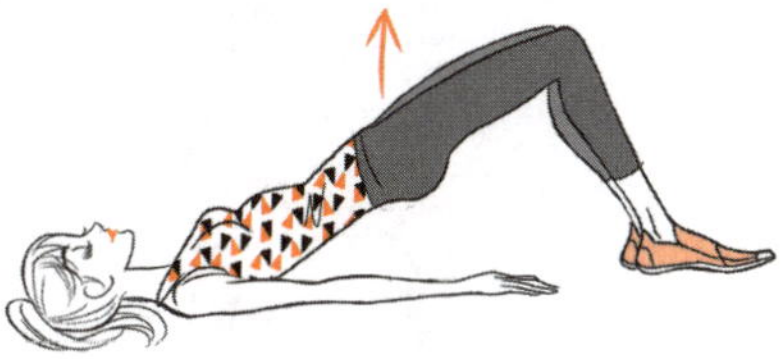

Fentes alternées

En position debout, avancez le pied jusqu'à former avec votre genou un angle de 90 degrés. La jambe arrière doit rester relativement tendue et le genou ne doit pas toucher le sol. Prenez ensuite appui sur votre jambe avant et poussez afin de revenir à la position de départ. Recommencez avec l'autre jambe.

Le but : travailler les jambes pour les affûter et galber les fessiers.

Veillez toujours à conserver votre dos bien droit.

Fentes unilatérales

Le mouvement est identique à celui des fentes alternées, mais au lieu de travailler alternativement chaque jambe, il s'agit de travailler plusieurs fois la même jambe avant de passer à l'autre.

Le but : travailler les jambes pour les affûter et galber les fessiers.

Pour réaliser la fente croisée arrière, croisez une jambe derrière l'autre lorsque vous descendez en fente. Par exemple placez votre jambe gauche à droite, en arrière, ou la jambe droite à gauche, en arrière.

Fentes unilatérales pied arrière relevé

Il s'agit de fentes unilatérales, avec le pied arrière relevé sur un support du type banc, chaise…

Le but : travailler les jambes pour les affûter et galber les fessiers.

Fentes sautées alternées

Descendez en position de fente. Donnez une impulsion sur la jambe avant pour sauter et, en l'air, changez de jambe avant de retomber en fente.

Le but : travailler les jambes pour les affûter et galber les fessiers.

Fentes montées sur banc

Tenez-vous debout, droite, face à un banc bien stable de la hauteur d'une table basse environ, et montez dessus une jambe après l'autre. Durant la montée, vous devez bien appuyer le talon sur le banc et monter suffisamment haut pour pouvoir poser l'autre pied et vous tenir droite, jambes tendues, avant de redescendre avec l'autre jambe et recommencer.

Le but : travailler les jambes pour les affûter et galber les fessiers.

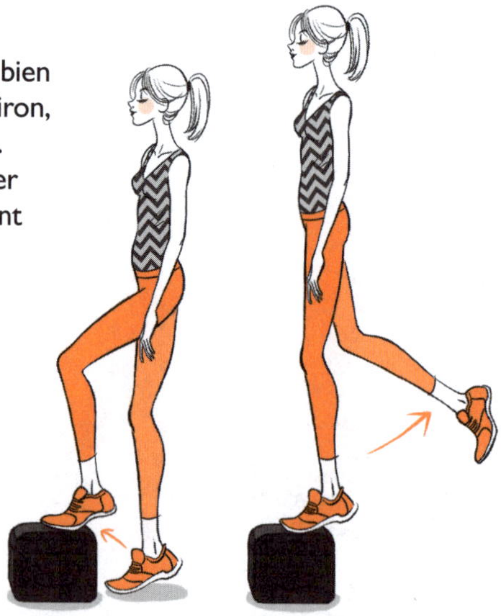

Gainage

Faire du gainage « traditionnel » consiste à se positionner face au sol, en appui sur les pointes de pieds et les avant-bras, coudes au niveau des épaules. Dans cette position, les jambes, le bassin et le dos doivent être bien alignés et tous les muscles abdominaux contractés. Il faut bien veiller à ne pas creuser le dos en laissant tomber le fessier vers le sol.

Le but : travailler les abdos pour un ventre plat.

Il est possible de faire des variantes en effectuant une rotation de 90 degrés et en prenant appui uniquement sur un bras, afin de faire du gainage latéral.

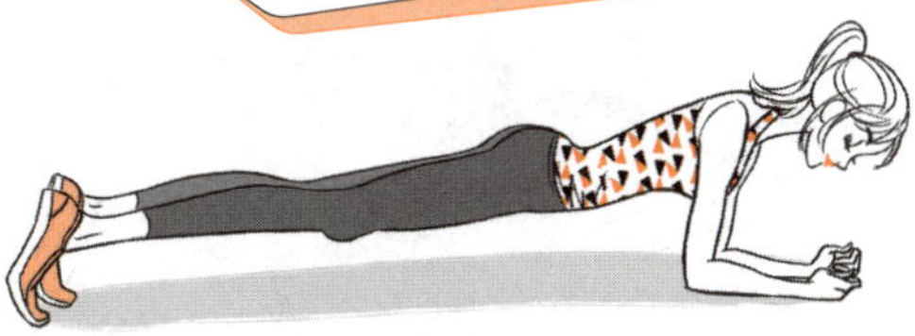

Gainage ciseau

Placez-vous comme pour effectuer du gainage latéral, le tronc bien droit en appui sur les pieds et sur l'un de vos avant-bras. Levez la jambe supérieure à l'horizontale puis rabaissez-la. Répétez le mouvement avant de changer de côté.

Le but : travailler les abdos pour un ventre plat.

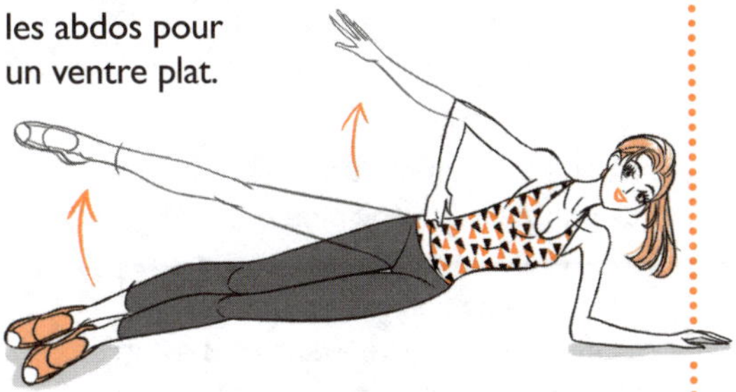

Spider plank, le gainage araignée

Placez-vous sur vos pieds et vos avant-bras comme pour faire du gainage. Une fois bien positionnée et bien gainée, ramenez votre jambe pliée vers le buste, sur le côté. Changez de jambe à chaque répétition.

Le but : travailler les abdos pour un ventre plat.

Push ups

Pour réaliser cet exercice plus connu sous le nom de « pompes », placez-vous comme pour réaliser du gainage, mais les bras tendus, les mains espacées de la largeur des épaules. Votre corps est donc en appui sur vos mains et vos pointes de pieds. Descendez votre buste vers le sol en pliant vos bras, les coudes vers l'extérieur. Remontez. La variante plus facile : faites-les sur les genoux au lieu des pieds.

Le but : obtenir une poitrine ferme.

Mountain climber

Sur un tapis de yoga, mettez-vous à quatre pattes en prenant appui sur vos paumes, puis tendez vos jambes à l'arrière. Seules les pointes de vos pieds et vos mains touchent le sol, comme si vous alliez faire des pompes. Effectuez alors des mouvements avec les jambes comme si vous escaladiez une montagne.

Le but : travailler les abdos pour un ventre plat.

Commandos

Placez-vous comme pour effectuer des pompes, le tronc bien droit et gainé et les bras tendus, paumes en appui sur le sol. Pliez un bras et posez complètement votre avant-bras à terre, puis faites la même chose avec l'autre bras. Une fois en position de gainage, tendez un bras, puis l'autre, afin de revenir à la position initiale.

Le but : avoir un dos fin.

Veillez à garder le corps bien gainé et à ne pas creuser le dos.

Dips sur banc ou chaise

Asseyez-vous sur une chaise en plaçant les mains de chaque côté de l'assise, le plus près possible du bord. Décollez ensuite vos fesses de la chaise et avancez vos pieds de sorte que vos fesses soient en avant de la chaise. Fléchissez les bras en inspirant afin de descendre, puis remontez en expirant. Votre dos doit frôler la chaise.

Le but : tonifier les bras.

Burpees

Debout, pieds écartés largeur des épaules, descendez en position de squats et posez vos paumes de mains au sol devant vos pieds. Lancez en même temps vos deux jambes en arrière pour vous retrouver en position de planche (le corps doit être droit et gainé). Faites une pompe en maintenant le corps gainé et en touchant le sol de la poitrine. Une fois revenue en position de planche, sautez en ramenant les pieds vers vos mains, talons au sol, puis revenez en position de squats. Sautez en l'air, en décollant les pieds du sol, le corps droit, les jambes tendues, les mains en l'air au-dessus de votre tête. Recommencez.

Le but : s'échauffer et faire du cardio.

X-hops

Le x-hop est un mouvement qui allie le squat et les fentes sautées alternées. Effectuez deux fentes sautées alternées avant un jump squat.

Le but : travailler les jambes pour les affûter et galber les fessiers.

Donkey kicks

Placez-vous à quatre pattes, en appui sur vos genoux et sur vos paumes de mains. Soulevez une jambe (en la gardant pliée puis en la tendant) jusqu'à ce que votre cuisse se trouve parallèle au plancher. Revenez en position initiale. Gardez le dos bien droit et la sangle abdominale bien gainée.

Le but : travailler les jambes pour les affûter et galber les fessiers.

Si le mouvement vous semble trop facile, vous pouvez l'intensifier en ayant recours à un élastique ou des lests pour chevilles.

Placez vos mains sous les fesses afin de bien garder votre dos au sol et de l'empêcher de se creuser.

Abdominaux sur le dos avec levé de jambes

Allongée au sol, sur le dos, contractez vos abdominaux, et relevez puis redescendez vos jambes tendues, soit simultanément, soit en décalé.

Le but : travailler les abdos pour un ventre plat.

Rotation de buste

Placez-vous debout, pieds largeur d'épaules, jambes droites mais non verrouillées et le bassin légèrement vers l'avant.
Les abdominaux doivent être bien gainés.
Mettez vos mains sur vos épaules et effectuez des rotations de buste de droite à gauche énergiquement, sans tourner le bassin ni les jambes. La rotation doit provenir du buste uniquement.

Le but : travailler les abdos pour un ventre plat.

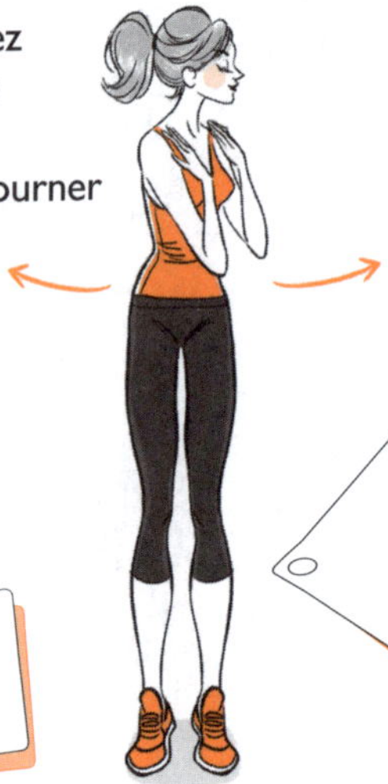

N'oubliez pas de bien respirer pendant le mouvement.

Inclinaison de buste

Debout, les jambes non verrouillées et les mains le long des cuisses, descendez une main le long de votre jambe de sorte à pencher votre buste dans cette direction. Restez bien gainée au niveau des abdominaux. Remontez avant d'effectuer le même mouvement de l'autre côté.

Le but : travailler les abdos pour un ventre plat.

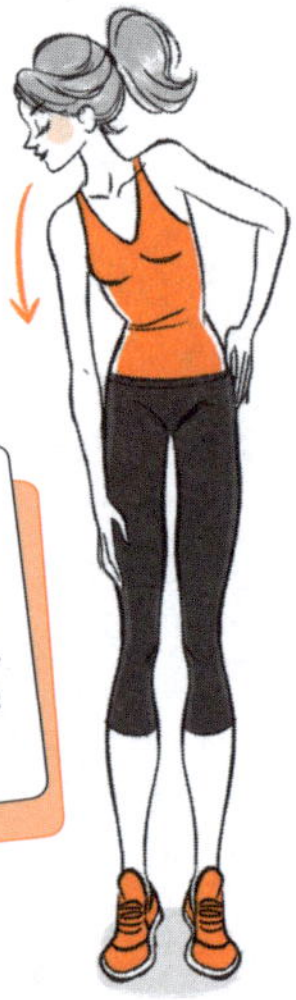

Seul le haut du corps doit être en mouvement, et l'oscillation réalisée doit vous permettre de contracter vos obliques (des muscles de la ceinture abdominale situés sur les côtés). Pour intensifier l'exercice, vous pouvez tenir de petites charges à bout de main.

Superman

Allongez-vous sur le ventre, sur un tapis, les jambes bien droites et les bras tendus au-dessus de votre tête. Soulevez vos jambes et vos bras de quelques dizaines de centimètres, afin de contracter vos muscles dorsaux. Vos bras et vos jambes doivent rester tendus et le buste doit être stable. Maintenez la position quelques secondes avant de redescendre, puis recommencez l'exercice.

Le but : avoir un dos fin.

Oiseau

Assise sur une chaise ou un banc, prenez deux poids légers dans vos mains (des bouteilles d'eau, par exemple). Pour vous placer en position initiale, penchez votre buste en avant, dos bien droit, et amenez vos mains au niveau de vos chevilles. Une fois bien positionnée, relevez doucement vos bras latéralement jusqu'à l'horizontale. Redescendez en contrôlant la descente.

Le but : avoir un dos fin.

Développé militaire haltères

Debout ou assise, le buste vertical et le dos bien droit, voire légèrement cambré, une haltère (ou bouteille d'eau) dans chaque main, les bras pliés sur les côtés, à hauteur des oreilles et la paume vers l'avant, montez les poids au-dessus de votre tête. L'inspiration se fait à la descente et l'expiration à la montée.

Le but : travailler les épaules pour un buste tonique et féminin.

Élévations avant, latérales et arrière

Debout dans une position stable, jambes non verrouillées et dos bien droit, un poids dans chaque main, élevez les bras (en amorçant le mouvement par les coudes), soit vers l'avant, soit latéralement, soit vers l'arrière, jusqu'à ce qu'ils soient parallèles au sol. Redescendez en retenant le mouvement et recommencez à nouveau.

Le but : travailler les épaules pour un buste tonique et féminin.

Extensions triceps

Debout ou assise, les bras derrière la tête, coudes vers le ciel, un poids dans chaque main, levez les bras au-dessus de la tête. Redescendez et recommencez.

Le but : tonifier les bras.

Maintenez vos coudes stables et ne remontez pas jusqu'à extension complète.

Biceps curls

Placez-vous debout ou assise, paumes face aux cuisses, de petits poids (haltères, bouteilles…) dans les mains. Fléchissez le coude tout en retournant l'avant-bras, pour arriver paume face à l'épaule. Puis revenez à la position initiale et faites la même chose avec l'autre bras.

Le but : tonifier les bras.

Pendant tout le mouvement, gardez autant que possible les coudes près du corps. Ne tendez pas complètement les coudes lorsque vous redescendez les bras, afin de conserver le biceps légèrement contracté.

Biceps prise marteau

Il s'agit du même mouvement que précédemment, à la différence qu'il n'y a pas de rotation de l'avant-bras. Les paumes sont initialement face aux jambes et restent dans cette position durant toute la durée de l'exercice.

Le but : tonifier les bras.

Barre front

Allongée sur un tapis, les bras écartés de la largeur des épaules et tendus au-dessus de la tête, un poids ou une haltère dans chaque main, paumes vers le ciel, descendez les mains vers votre tête, puis tendez les coudes pour remonter.

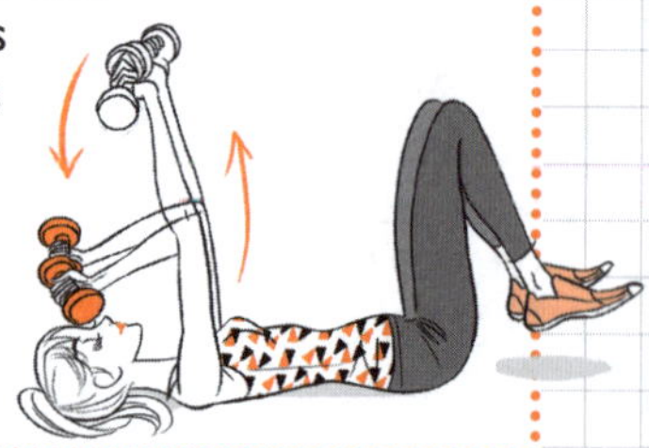

Le but : tonifier les bras.

Je n'oublie pas le stretching

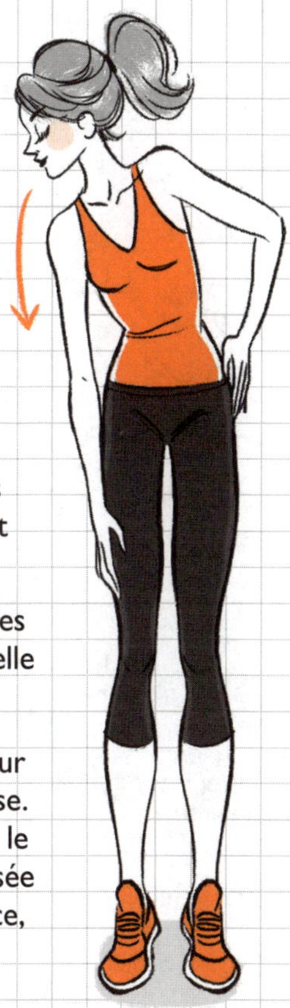

Afin d'améliorer votre souplesse et votre coordination des mouvements, d'éviter les blessures ou encore de vous relaxer, il est important que vous réalisiez régulièrement quelques séries d'étirements.

Le stretching, quèsaco ?

Je considère qu'il y a deux types d'étirements. Ceux que l'on pratique juste après sa séance et ceux que l'on prend comme un sport à part entière et que l'on pratique durant 30 minutes ou 1 heure. Ces deux types de stretching ne s'effectuent pas de la même façon et n'ont d'ailleurs pas la même visée.

Le stretching de fin de séance sert à décontracter les muscles sollicités, à faire redescendre progressivement la température corporelle et, surtout, à vous détendre après une activité énergique.

Le stretching pris comme une activité à part entière a pour objectif de forcer sur l'étirement et de vous faire progresser en souplesse. Aux athlètes, cela permet d'assouplir et d'allonger des muscles que le renforcement musculaire a tendance à raidir. Si vous n'êtes pas familiarisée avec le stretching, contentez-vous de quelques positions en fin de séance, ou au réveil par exemple, et inscrivez-vous dans un centre spécialisé.

Comment je m'y prends ?

En training...

De manière générale, lorsque vous pratiquez des exercices de musculation, afin de conserver votre souplesse, il est toujours préférable d'effectuer des mouvements à amplitude complète (contraction et étirement du muscle), quitte à réduire la charge que vous utilisez plutôt qu'augmenter le poids et réduire l'amplitude. En vous concentrant sur le mouvement, plutôt que sur la charge, vous mettez toutes les chances de votre côté. Ainsi, vous travaillerez mieux, sans risque de blessure, et optimiserez vos résultats.

Après le training

Vous pouvez consacrer environ 10 minutes au stretching et à la relaxation. Si vous vous entraînez en salle de sport, par exemple, essayez de vous isoler dans un endroit calme ou, à défaut, attendez de rentrer chez vous pour effectuer votre séance dans une atmosphère paisible, où vous pourrez vous détendre et vous concentrer sur les mouvements. Afin de vous sentir dans un cocon, vous pouvez par exemple baisser la lumière et mettre une musique qui vous apaise.

- Commencez par étirer le haut de votre corps et descendez petit à petit vers vos jambes et mollets. Vous devez toujours étirer un muscle, puis son opposé (agoniste et antagoniste), par exemple : le quadriceps (muscle avant de la cuisse), puis l'ischio-jambier (muscle de l'arrière de la cuisse) ou encore le biceps puis le triceps (muscles respectivement de l'avant et de l'arrière du bras).
- Descendez progressivement, entraînée par le poids de votre corps. Rappelez-vous, vous n'êtes pas là pour vous faire un claquage mais pour vous faire du bien !

Ne tirez pas fort ni subitement, mais détendez-vous et laissez chaque muscle s'étirer doucement. Au lieu de les travailler 5 ou 6 fois rapidement, faites-le seulement 2 ou 3 fois en tenant la position 30 secondes. Par exemple, si vous vous asseyez sur le sol, jambes jointes et tendues devant vous, dans le but d'étirer vos ischios, n'essayez pas de passer brusquement vos mains derrière vos pieds.

En dehors des séances…

Concernant les étirements en eux-mêmes, vous n'avez pas besoin d'y consacrer 1 heure tous les jours ! Quelques minutes de stretching efficace régulièrement effectuées suffisent à améliorer votre souplesse. L'excuse du manque de temps ou de souplesse ne tient pas !

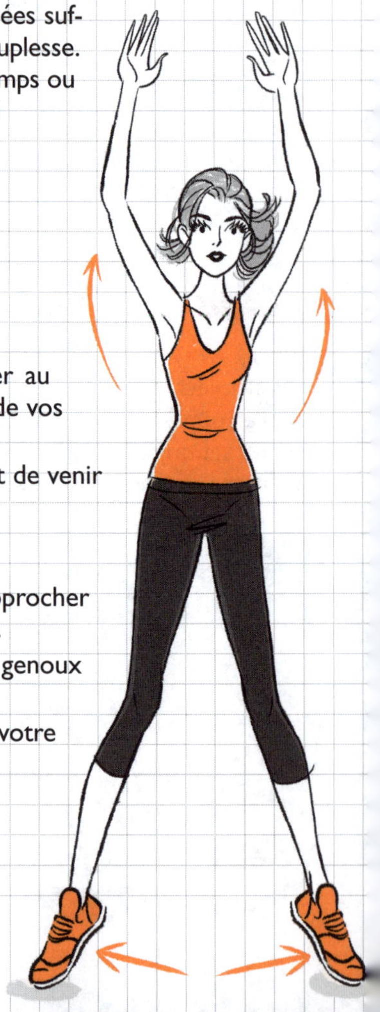

Les étirements de base

Étirements haut du corps (exemples) :

- Levez les bras au dessus de votre tête.
- Baissez-vous pour venir toucher le sol (ou vous en approcher au mieux). Dans cette position, détendez-vous, laissez les muscles de vos jambes s'étirer avant de remonter en déroulant bien votre dos.
- Tendez vos bras, l'un après l'autre, au-dessus de votre tête avant de venir toucher votre omoplate avec votre main.

Étirements bas du corps (exemples) :

- Assise sur votre tapis, jambes tendues devant vous, tentez de rapprocher vos mains le plus près de vos pieds, lentement, en vous relaxant.
- Asseyez-vous en tailleur et rapprochez autant que possible vos genoux du sol.
- Pour finir, allongez-vous au sol, tendez vos bras au dessus de votre tête et étirez-vous en inspirant et soufflant.

Je reste motivée

Maintenant que vous avez goûté au fitness, vous êtes pleine de motivation pour relever le challenge beach body. Voici quelques astuces pour l'entretenir !

Je rejoins une communauté

Mon groupe « Entraide Fitness & Diet #bikiniavecsissy » sur Facebook réunit des dizaines de milliers de jeunes femmes passionnée de fitness et d'alimentation healthy. Cela permet de se transmettre ses recettes, d'échanger sur ses séances de sport, mais aussi sur ses doutes. Vous pourrez vous lancer des défis ensemble, et vous soutenir tout au long du parcours.

Je suis des fit-girls sur Insta

Suivre l'évolution de filles sportives vous permettra de rester dans le move et de vous inspirer. Néanmoins, ne vous focalisez pas trop sur ces femmes dont le fitness est le métier, qui passent leurs journées entre la salle de sport et la cuisine, et dont la plupart des photos sont retouchées. Si certains comptes peuvent être motivants, être obnubilée par les corps parfaits de ces athlètes peut devenir frustrant. Il est impossible de gagner le physique de Michelle Lewin en un mois, ou même celui de Paige Hathaway l'été prochain… mais embellir son corps, oui !

Je participe à des événements fit

Les Bikini Boot Camp que j'organise régulièrement sont par exemple un bon moyen pour rester dans une dynamique positive. Vous rencontrez des fit-girls, qui comme vous, ont envie d'être actives et bien dans leur peau. Vous vous entraînez dans une ambiance de groupe particulièrement motivante et sympathique. Par ailleurs, beaucoup d'événements fit ou running sont organisés partout en France. Renseignez-vous pour trouver celui proche de chez vous.

Je me fais plaisir

Renouveler régulièrement votre matériel et vous offrir une tenue de fitness de temps en temps vous donneront aussitôt envie de tester votre nouvelle brassière ou votre nouveau tapis. Vous serez reboostée pour les séances à venir ! Profitez des soldes et réductions que proposent régulièrement les sites spécialisés en vêtements de sport, c'est l'occasion idéale pour se faire plaisir à moindre coût.

Chapitre 2

Mon régime sunny

Comme chaque printemps, vous êtes prête à vous lancer dans le nouveau régime qui vous fera miraculeusement perdre vos petits kilos en trop (si si, celui-là marche réellement, votre magazine vous le garantit, et cette fois c'est vraiment vrai). Stop ! Posez vos calculatrices à calories, vous n'avez pas le bon mode d'emploi !

Régime no régime

Le corps a-t-il besoin d'être privé pour être mince ? Non, il a juste besoin que vous lui apportiez le bon combustible, et non des aliments qui vont venir l'alourdir, le gêner et l'encrasser.

Pourquoi les régimes ne marchent pas ?

- **Raison n° 1 :** Tout simplement parce que personne ne peut suivre un régime (frustrateur et générateur d'angoisses) à vie !
- **Raison n° 2 :** Souvent mal équilibrés et trop restrictifs, ces régimes vous font perdre plus de muscle que de gras, et c'est bien là le problème !
- **Raison n° 3 :** Le moment critique ? Celui du retour à une alimentation normale. N'ayant pas forcément compris les principes d'une alimentation saine qui vous gardera mince, vous vous retrouvez perdue. Et hop, retour à la case départ !
- **Raison n° 4 :** Le métabolisme basal ayant diminué durant cette période de restriction, bonjour l'effet yo-yo !

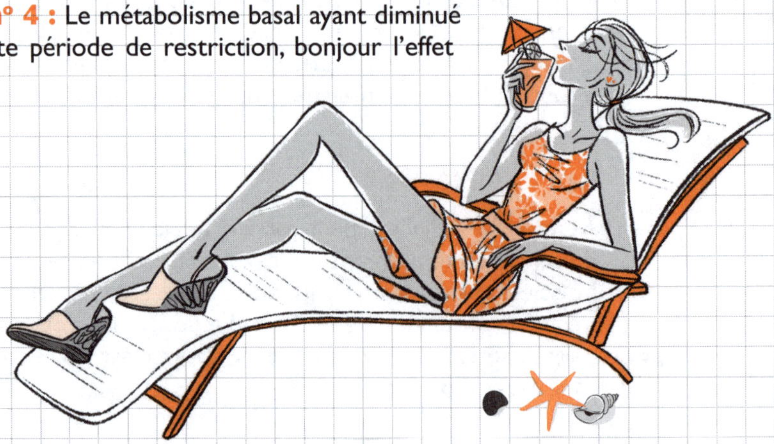

SOS je n'arrive plus à perdre !
Même aux sportives il arrive de plafonner malgré les entraînements et un régime draconien. Cela signifie que le corps n'est pas nourri comme il aimerait l'être. Nous sommes nombreuses à croire notre alimentation irréprochable, et pourtant…

Les calories

Alors, qu'en est-il des calories ? Les « calories pour 100 g » représentent l'énergie apportée par un aliment. Elles ne tiennent nullement compte de sa qualité nutritionnelle. Vous fonder uniquement sur cet indice pour établir votre régime alimentaire est donc une erreur, non seulement pour votre ligne, mais surtout pour votre santé ! Toutes les calories ne se valent pas : 2 000 calories de fruits, légumes, protéines de qualité et féculents à indice glycémique (IG) faible n'ont pas du tout la même répercussion sur votre silhouette que 2 000 calories de sucres et de féculents à indice glycémique élevé !

Je rééquilibre mon assiette

Et si une alimentation minceur n'était pas fondée sur la restriction calorique mais plutôt sur des choix judicieux ? La clé pour être mince est de donner à votre corps tous les nutriments qu'il utilise quotidiennement. Pas plus, et pas d'autres (comme le sucre, par exemple). Pour gagner la silhouette en bikini de vos rêves, cap sur une alimentation sunny et tout simplement équilibrée !

Vous connaissez le « dicton » ? 30 % à la salle, 70 % dans votre cuisine. Moi, je dirais 50/50. Vos choix alimentaires au quotidien ont un impact direct sur votre corps, votre santé et votre progression sportive. Pour obtenir le corps de vos rêves, ce que vous mettez dans votre assiette est aussi important que le sport que vous pratiquez.

Le rééquilibrage alimentaire, quèsaco ?

On en parle dans tous les magazines et sur Internet… Le rééquilibrage alimentaire est tout bonnement une transition aussi douce que possible entre vos mauvaises habitudes alimentaires et vos nouveaux réflexes de healthy girl. Le but n'est pas de changer radicalement votre mode alimentaire du jour au lendemain, au risque d'être frustrée et de tout abandonner au bout de quelques jours, mais d'adapter, petit à petit, vos assiettes pour entrer dans votre nouvelle nutrition. C'est plus facile mais, surtout, c'est durable !

Nouveau fooding pour une nouvelle vie !

Il s'agit d'un changement profond, pas d'une astuce choc pour perdre provisoirement quelques kilos. Car plus vite ils sont perdus et plus vite ils sont repris ! Il est donc primordial que vous vous sentiez épanouie et convaincue par votre nouvelle alimentation. Pour cela, il est indispensable d'en connaître les fondamentaux et les effets bénéfiques. Ne vous sentiriez-vous pas plus motivée et plus déterminée en agissant par conviction plutôt que par contrainte ? Et plus tranquille en sachant que vous prenez soin de votre corps et lui offrez une nourriture saine, bienfaisante et répondant à ses besoins ? Cela ne se fera peut-être pas sans quelques doutes ou moments de relâchement, mais vous n'abandonnerez jamais complètement votre nouveau mode alimentaire.

Halte aux idées reçues !

Avant de vous lancer tête baissée dans le rééquilibrage, vous devez comprendre les raisons de votre changement alimentaire. C'est un choix dont vous devez être convaincue pour qu'il fonctionne, vous ne devez pas avoir l'impression de le subir mais d'agir bien. Si vous aviez fait un relooking, reprendriez votre look de Ugly Betty ? Vous vous sentirez si bien et si belle grâce à votre nouvelle nutrition que vous ne reviendrez jamais en arrière ! Première étape : vous débarrasser des idées reçues qui vous empêchent de vous lancer.

Idée reçue n° 1 : il faut manger moins pour maigrir

Erreur totale ! Lorsque vous vous privez, votre corps se met en mode « restriction » et réduit l'énergie dépensée au repos pour préserver ses fonctions vitales (le métabolisme basal – voir page 11). En revanche, lorsque vous reprenez une alimentation normale et plus abondante, l'excédent d'énergie ne sera pas dépensé par le métabolisme basal et sera stocké. Conclusion : vous reprenez quasi systématiquement vos kilos, voire davantage !

Idée reçue n° 2 : le bio, c'est pour les bobos

Les produits biologiques souffrent parfois d'une mauvaise réputation : ils sont chers et on ne sait pas bien s'ils ont de sérieuses vertus. Consommer bio n'est pas une mode, les aliments issus de l'agriculture biologique sont la plupart du temps plus riches en nutriments, en saveurs, et ils ne contiennent pas de composés toxiques. En cuisinant maison et en achetant en vrac, une alimentation biologique ne vous sera pas plus onéreuse. Et si vous ne pouvez pas tout acheter biologique, privilégiez la viande, le poisson et les œufs (dont les qualités nutritionnelles sont bien meilleures), puis les fruits et légumes qui ne s'épluchent pas. Mais je suis certaine qu'avec un petit peu d'organisation, vous parviendrez à manger de plus en plus biologique.

Idée reçue n° 3 : je sale peu donc je mange peu salé

Savez-vous que plus des trois quarts du sel que vous ingérez n'est pas celui que vous ajoutez à table ? En réalité, sans même vous en rendre compte, vous avalez du sel en mangeant votre tranche de jambon, votre pizza, vos gâteaux du petit déjeuner, votre fromage ou encore votre si inoffensive soupe de légumes. Le sel étant un exhausteur de goût redoutable, les industriels en abusent. Indispensable à la santé, le sel entraîne une hypertension et peut même faire grossir (en attisant soif et faim), s'il est consommé en trop grande quantité. Alors, vive le *home made* (seul moyen de vraiment contrôler votre consommation de sel) !

La quantité de sel recommandée par l'OMS est de 5 g par jour, mais les femmes en consomment en moyenne 8 g, et les hommes 10 !

Idée reçue n° 4 : les édulcorants sont mes amis

Vous vous êtes sûrement dit un jour que manger des produits sucrés, sans les calories du sucre, était la solution pour votre bec sucré. Le problème ? Certains édulcorants sont fortement soupçonnés de provoquer des maladies ; et bien qu'ils ne contiennent pas de saccharose, ils entretiennent votre addiction au goût du sucre…

Le goût sucré crée une addiction comparable à celle de la cigarette, c'est prouvé. Effrayant, hein ?

Idée reçue n° 5 : les produits light sont mes amis

Tout comme les produits à base d'édulcorants, les produits light ont pour but de pouvoir se faire plaisir, sans prendre un gramme. Mais par quoi est remplacée la graisse ? Par des épaississants et des exhausteurs de goût peu recommandés. Sans compter que nous avons tendance à consommer davantage de ces produits light, sous prétexte qu'ils ne font pas grossir. Quitte à vous faire plaisir, faites-le avec un produit entier. L'essentiel : que cela reste occasionnel.

J'équilibre mon assiette

Finalement, de quoi votre corps a-t-il besoin ? Comment le nourrir suffisamment, sans l'alourdir ni le faire grossir ? Le principe est d'équilibrer vos macronutriments, c'est-à-dire l'apport en glucides, lipides et protéines.

Les glucides, l'énergie du corps

Si l'idée est de réduire au maximum les sucres simples pour privilégier les sucres complexes, encore faut-il savoir faire la différence entre les deux.

L'indice glycémique, ou IG, mesure le potentiel d'un aliment à faire augmenter la glycémie dans le sang. Le pancréas sécrète alors de l'insuline, une hormone qui permet d'assimiler le sucre et de faire revenir la glycémie à son niveau normal… Et de stocker les graisses en passant. En résumé, manger du sucre = stocker du gras. Aïe.

Les sucres simples, représentés par un indice glycémique élevé, sont le glucose ou le saccharose, par exemple. On les retrouve dans le sucre de table, les confiseries, les viennoiseries, mais aussi dans la sauce aigre-douce de votre poulet du midi ou dans votre compote du soir. On les reconnaît à leur saveur douce, sucrée, agréable. Ils sont à limiter autant que possible.

Qu'en est-il des fruits ?

Il n'est pas rare que des diététiciens conseillent d'en limiter la consommation, alors que le mouvement frugivore (régime fondé uniquement sur la consommation de fruits) se développe de plus en plus. C'est vrai, les fruits contiennent du sucre, le fructose. Mais c'est un « bon » sucre, son indice glycémique est de 20 sur une échelle de 100 (pour le glucose). Les fruits étant de vraies bombes à vitamines et fibres, ne vous en privez plus ! Vous pouvez en consommer quotidiennement, sans toutefois en abuser, bien sûr.

Privilégiez les fruits entiers pour conserver l'ensemble des fibres intactes, elles ralentissent la vitesse d'absorption du sucre. Préférez les smoothies aux jus, par exemple.

Les sucres complexes, à indice glycémique faible, doivent en revanche être consommés à chaque repas, car ils constituent la source d'énergie de votre corps. Ils se trouvent dans les céréales et les légumineuses, comme le quinoa, le riz, l'avoine… Privilégiez des céréales complètes (le raffinage faisant monter l'indice glycémique), d'autant plus que leur richesse en fibres ralentit l'absorption des sucres simples.

Achetez bio vos céréales complètes pour éviter d'ingurgiter les pesticides que leur enveloppe emmagasine.

Une autre astuce pour réduire encore l'indice glycémique des céréales est de ne pas trop les cuire. Cuisinez-les *al dente* et fuyez les « sachets rapides » dont la précuisson fait augmenter l'indice glycémique.

Les protéines, indispensables au développement musculaire

Les protéines sont les véritables briques de notre corps. Elles sont utiles à la construction musculaire, mais pas seulement ! Elles assurent une multitude de fonctions au sein des cellules et il est donc important d'en consommer suffisamment. Les protéines peuvent être animales (viande, poissons, œufs) ou végétales (céréales et légumineuses, comme le tofu, le seitan, mais aussi les lentilles, le quinoa, les haricots rouges…).

Les acides aminés

Les protéines sont composées d'acides aminés, comme un collier est composé de perles. Certains de ces acides aminés sont dits essentiels car ils ne peuvent pas être fabriqués par le corps humain et doivent être apportés par l'alimentation. Si les protéines animales contiennent tous les acides aminés essentiels en quantité suffisante, ce n'est pas toujours le cas des végétaux (à l'exception du soja). Si vous êtes végétarienne, il faut donc veiller à varier vos sources de protéines végétales au cours de la semaine afin d'absorber l'ensemble des acides aminés essentiels, en quantité suffisante.

Protéines végétales ou animales, qu'est-ce que je choisis ?

Contrairement à de nombreuses croyances, les protéines végétales ne sont aucunement de moins bonne qualité que les protéines animales, bien au contraire. Les protéines animales contenues dans la viande ont le défaut d'être accompagnées de mauvaises graisses saturées qui, prises en excès (ce qui est la plupart du temps notre cas), favorisent la prise de poids, les risques cardio-vasculaires et la formation de caillots. En revanche, les protéines végétales sont riches en fibres sans aucune graisse saturée. Alors, si vous ne pouvez pas vous passer de viande, prenez au moins l'habitude de remplacer lors d'un repas sur deux votre protéine animale par son homologue végétale.

Idée recette veggie
Impossible de vous muscler si vous êtes végéta(r/l)ienne ? Pour obtenir suffisamment de protéines et nourrir vos muscles, associez du riz complet à des lentilles, ou du quinoa à des haricots rouges. Ces deux mariages sont excellents froids, préparés sous forme de taboulé, par exemple.

Les lipides, mes meilleurs amis

Le gras semble l'ennemi public à abattre, la cause diabolique de vos kilos, bref, la raison de tous vos problèmes… Savez-vous que les bonnes matières grasses peuvent vous aider indirectement à perdre des kilos ? C'est le cas de toutes les huiles et oléagineux qui contiennent des acides gras essentiels, comme les oméga-3 ou 9. En effet, certaines études ont démontré que les acides gras oméga-3 favorisent la lipolyse, c'est-à-dire la mise à disposition des graisses pour fournir de l'énergie au corps. En bref : les oméga-3 déstockent les graisses de vos petites rondeurs. Mais s'il est indispensable de consommer ces acides gras essentiels, c'est également parce qu'ils sont des constituants de nos membranes cellulaires. Évitez le gras animal, celui-ci n'a rien à vous apporter d'autre que des calories vides et des problèmes de santé. Faites aussi la chasse aux mauvaises graisses cachées, comme les matières grasses végétales hydrogénées de vos biscuits ou les acides gras trans dissimulés dans votre barquette du déjeuner. Eux font bel et bien grossir !

Idées recettes
Arrosez vos salades d'un généreux filet d'huile d'olive ou de colza, ajoutez des graines de lin à vos céréales du matin, préparez des puddings de chia (en laissant tremper une nuit une dose de graines de chia dans deux doses du lait végétal de votre choix) en dessert ou consommez des noix à vos collations. Les petits poissons tels que les sardines ou les maquereaux sont faciles à insérer dans vos repas durant l'été.

À bannir : les viandes grasses, la charcuterie, le beurre ou la crème, les graisses végétales des biscuits et des plats industriels.

À ajouter dans votre assiette : des huiles vierges pressées à froid comme l'huile d'olive ou de colza, des oléagineux et de l'avocat, des poissons gras.

On n'oublie pas les vitamines et minéraux

Si l'équilibre des macronutriments est à la base d'une bonne alimentation, vous ne devez pas pour autant négliger vos micronutriments. Ce sont les vitamines et minéraux, indispensables au bon fonctionnement de nos cellules. Ils n'apportent aucune calorie (ils n'ont pas de valeur énergétique).

Les vitamines. Il en existe 13, réparties en deux groupes : les vitamines hydrosolubles et les vitamines liposolubles. Les premières sont généralement apportées par les fruits et légumes, gorgés d'eau, alors que les secondes proviennent des graisses comme les huiles, les poissons gras. Ces vitamines n'étant pas synthétisées par le corps (à l'exception des vitamines D et K), il faut veiller à les apporter par le biais d'une alimentation généreuse en végétaux variés.

Les minéraux sont, quant à eux, fournis à l'organisme par différents végétaux et produits d'origine animale. Ils sont 22 au total, répartis entre les minéraux majeurs et les oligoéléments.

Les premiers, dont les apports doivent être supérieurs aux seconds, sont principalement le calcium, le magnésium, le sodium… Les oligoéléments sont représentés par le fer, le zinc ou encore le fluor.

Comment les obtenir ? Si les carences sont plutôt rares, l'apport reste souvent insuffisant. Ainsi, pour satisfaire tous vos besoins, été comme hiver, mangez plusieurs fruits et légumes différents, chaque jour, et consommez suffisamment de bonnes graisses. C'est particulièrement facile durant la saison estivale, avec des crudités, des salades composées arrosées d'huile d'olive et du poisson.

Pour vous assurer que vous équilibrez vos macronutriments (savoir si vous mangez trop de lipides, par exemple), testez votre assiette sur une journée. Cela vous permettra de rectifier votre alimentation si nécessaire. Mais cela doit rester exceptionnel !

Calculer ses macros ?

Si vous vous intéressez au monde du fitness, vous avez certainement entendu qu'il était indispensable de calculer ses « macros ». Il s'agit d'établir ses besoins en protéines, glucides et lipides par jour, à ne pas dépasser. Si cela peut être utile lorsque l'on est athlète professionnel, cela ne servira à rien pour vous. Nul besoin de respecter un régime au gramme près pour avoir une jolie silhouette et se muscler ! Calculer ses macros est très fastidieux, cela risque de vous lasser rapidement et de vous décourager ou, à l'inverse, de devenir une obsession. Mangez équilibré, varié et en quantité raisonnable, et vous atteindrez vos objectifs sans vous prendre la tête !

La transition

Comment négocier le virage vers votre nouvelle alimentation ? Le rééquilibrage alimentaire étant une méthode particulièrement douce pour vous débarrasser de vos mauvaises habitudes, vous ne devriez pas ressentir de frustration. *A priori*, nul besoin de créer une période intermédiaire pour vous y amener. Néanmoins, si vous ne vous sentez pas totalement sûre de vous et si vous craignez d'être frustrée, je vous conseille de changer vos habitudes alimentaires petit à petit, tout simplement en ne rachetant pas les aliments à éviter. Ainsi, la disparition des mauvais aliments (auxquels vous teniez beaucoup), se fera progressivement.

- Si votre placard est d'ordinaire rempli de paquets de biscuits, de chips ou de soda, **finissez-les petit à petit** et n'en rachetez plus ensuite. Et, pour ne pas paniquer devant un placard vide sans bonnes choses pour se faire plaisir, remplissez-le de bons fruits frais. Vous pourrez vous concocter de rafraîchissants smoothies gourmands et pleins de vitamines !
- Au lieu de craquer sur les pâtisseries de la boulangère, **apprenez à faire vous-même vos petits gâteaux healthy**…

Bref, en prenant de nouveaux réflexes au fur et à mesure, vous ne vous rendrez même pas compte que votre alimentation a changé. Rapidement, vous trouverez vos anciens gâteaux trop sucrés, trop gras…

Je fais mes courses

C'est parti pour votre rééquilibrage alimentaire ! Première étape : réapprendre à faire vos courses. Pas de panique, ne vous sentez pas perdue devant les rayons débordants des supermarchés. La clé : revenir à l'essentiel et au naturel. Pour autant, vous n'allez pas mettre que des salades dans votre panier, loin de là ! Se faire plaisir tout en consommant des aliments sains pour votre corps est facile, surtout en été !

Premier rayon : le frais et le naturel

La règle d'or, lorsque vous faites vos courses, est de privilégier les produits biologiques et les aliments peu transformés. Pourquoi choisir la difficulté quand il existe des plats tout prêts ? Parce que, plus un aliment est « industrialisé », plus il perd en nutriments et gagne en molécules chimiques au cours de sa transformation. Les produits industriels doivent avant tout être rentables, pratiques et savoureux, peu importe l'impact sur votre santé. Évitez-les au maximum et privilégiez les aliments frais.

Lorsque vous achetez un taboulé, pensez-vous vraiment profiter de toute l'énergie et des vitamines et minéraux des légumes qu'il contient ? En plus d'avoir un indice glycémique élevé, il contient souvent beaucoup de matières grasses et très peu de légumes et herbes aromatiques. Préférez donc par exemple une salade fraîche de quinoa (riche en protéines), petits légumes, que vous agrémenterez d'huile d'olive vierge, de jus de citron et de menthe ciselée. Facile à faire et plus savoureuse, cette salade maison vous apportera tous les nutriments dont votre corps a besoin.

Deuxième rayon : les légumes

La *raw food*, alimentation végétale et crue est très tendance. Son atout : une haute vitalité grâce aux qualités nutritionnelles exceptionnelles des légumes et feuilles vertes (que la cuisson détruit). Si je ne suis pas adepte du 100 % cru, je suis convaincue des bienfaits d'une alimentation riche en végétaux, source importante de fibres, vitamines et minéraux essentiels tout en restant peu calorique. Consommer suffisamment de légumes quotidiennement est facile, surtout en été !

Idées recettes
Consommez des légumes facilement sous forme de salade de pousses d'épinards, de légumes vapeur, d'aïoli, de dips de légumes (carottes, concombre et chou-fleur crus détaillés en petits bâtonnets) à tremper dans une petite sauce maison, ou en légumes sautés au wok avec un peu de sauce soja.

Les oléagineux

N'oubliez pas les oléagineux ! Ils sont peu consommés mais tout aussi importants. Quelques amandes effilées dans vos céréales le matin ou quelques noix de cajou concassées dans votre plat asiatique vous apporteront les minéraux et acides gras qui font souvent défaut dans notre alimentation.

Les fruits

Choisissez des fruits de saison pour bénéficier de tous leurs nutriments.

Mes oléagineux préférés

- Noix du brésil
- Noix de cajou
- Amandes
- Noisettes

Ma liste à IG bas

- Quinoa
- Riz complet
- Pâtes complètes
- Lentilles
- Haricots rouges
- Pois chiches
- Pain complet

Troisième rayon : les céréales et les légumineuses

Comme nous l'avons vu, les céréales et les légumineuses sont essentielles pour vous apporter protéines et glucides complexes, tant que leur indice glycémique reste bas.

Y a-t-il des rayons à éviter ?

De manière générale, en nutrition, il est toujours bon d'user sans abuser. Il est important de varier son alimentation et de consommer de tout en quantité raisonnable. Cela vaut pour absolument tout : viande, céréales, fruits… Néanmoins, certains aliments sont plus nocifs que bénéfiques pour notre corps et il convient donc d'en réserver la consommation à des occasions particulières, comme le dîner en amoureux du samedi soir ou le *cheat meal* (le repas « bêtises ») avec votre fit copine :

- Les viandes grasses (riches en acides gras saturés).
- Les produits sucrés (dont on sait qu'ils stimulent notre production d'insuline et participent directement à la prise de tissu gras).
- Les fameux produits industriels dont nous avons parlé. Préférez en cette période estivale les poissons gras, riches en oméga-3.

Qu'est-ce que je mange ?

Composez vos repas healthy et équilibrés facilement grâce à ce menu type de la journée et à quelques recettes ultra-gourmandes !

Je m'organise !

Afin de vous faciliter la vie au quotidien si vous être surbookée, je vous recommande de préparer vos repas à l'avance. Le week-end, cuisinez deux ou trois plats équilibrés copieux, et gardez quelques portions pour la semaine, le soir ou au bureau. Cela vous permettra de vous faire plaisir, de manger des plats qui vous plaisent et qui sont équilibrés, sans passer votre temps en cuisine. Vous verrez, c'est vraiment plus sympa qu'un jambon-beurre !

Mon petit déjeuner

Même si on pense que le petit déjeuner n'est pas vraiment un repas, il est très important et doit être composé comme les repas principaux, c'est-à-dire qu'il doit être équilibré (autant de glucides, que de lipides ou de protéines). Néanmoins, vous pouvez consommer un peu plus de fruits (glucides), pour vous donner l'énergie de la journée.

Le must have des lunchbox
Pour conserver vos repas, plutôt qu'un Tupperware® ou un bento, investissez dans quelques contenants, en verre de préférence, pour éviter le transfert des molécules du plastique dans la nourriture.

Mon assiette

- Fruits ou smoothie pour les glucides rapides (dilué avec de l'eau de coco ou contenant une bonne part de légumes pour diminuer la part de fruits et l'IG)
- Müesli ou granola ou flocons d'avoine pour les glucides
- Thé pour hydrater
- Œuf dur ou mélange de noix pour les lipides et les protéines

Le müesli

Le müesli, c'est la star des petits déjeuners. Riche en glucides complexes à assimilation lente, grâce aux flocons d'avoine complets, c'est également une source de protéines et de bons lipides avec les oléagineux, tout en restant pauvre en sucres. Très nutritif, il vous permettra de ne pas craquer dans la matinée sur une barre chocolatée et vous apportera plein de bons nutriments indispensables à votre forme. Achetez-le de préférence dans votre magasin bio, sans sucres ajoutés, et consommez-le avec un lait végétal également sans sucre, comme le lait d'avoine ou de riz.

Pancakes healthy vegan (pour 4 personnes)

- 250 g de farine de blé (complète de préférence)
- 1/2 sachet de levure chimique
- 2 à 3 sachets de sucre de canne vanillé (ou sucre de canne + vanille en poudre)
- 2 c. à s. de poudre d'amandes
- 40 cl de lait végétal d'amande
- 2 c. à s. d'huile végétale
- 1 pincée de sel

Mélangez les matières sèches dans un saladier : farine, levure, sucre vanillé, poudre d'amandes et sel. Faites une fontaine et versez-y les matières liquides (lait végétal et huile végétale). Battez le tout avec un fouet jusqu'à obtention d'une pâte homogène, sans grumeaux et plutôt épaisse. Déposez un petit cercle de pâte dans une poêle légèrement huilée et faites dorer les pancakes sur chaque face, comme pour des crêpes.

Petits muffins fondants (pour environ 10 muffins)

- 260 g de farine (complète de préférence)
- 200 g de sucre en poudre (de canne et roux de préférence)
- 130 g de compote de pommes
- 7 cl d'huile végétale
- 6 g de levure chimique (1/2 sachet)
- 10 cl de lait végétal
- 1 c. à s. de vinaigre de cidre
- 1 c. à c. de bicarbonate
- Pépites de chocolat, pâte à tartiner… pour agrémenter

Dans un saladier, mélangez au fouet l'huile, le sucre, la compote, la levure, le vinaigre et le bicarbonate. Ajoutez ensuite la farine et les pépites de chocolat par exemple, et mélangez à nouveau. Une fois le mélange homogène, incorporez le lait végétal et mélangez bien l'appareil. Versez dans des moules en silicone (attention à ne pas trop les remplir car la pâte gonfle durant la cuisson) et enfournez pour 25 min à 180 °C (th. 6, selon le four) en vérifiant la cuisson à l'aide d'un couteau fin. Laissez refroidir avant de démouler et déguster.

Granola énergétique (pour 1 personne et pour la semaine)

- 120 g de flocons d'avoine
- 50 g environ de noix concassées (noisettes, amandes, noix du Brésil, etc.)
- 25 g environ de noix de coco râpée (facultatif)
- 5 cl d'huile de coco
- 4 cl environ de sirop d'agave (à ajuster en fonction de votre goût)

Dans un saladier, mélangez tous les ingrédients secs : les flocons d'avoine, les noix et la noix de coco râpée. Ajoutez ensuite le mélange huile-sirop à l'appareil pour former une pâte compacte. Prenez des petits tas de pâte dans la paume de la main, puis émiettez en gros morceaux. Étalez le tout sur une plaque recouverte de papier sulfurisé, et faites cuire au four une vingtaine de minutes à 170 °C (th. 6), en remuant de temps en temps jusqu'à ce que le granola soit bien doré (vérifiez la cuisson en fonction de la puissance de votre four).

Mon assiette

- 1/3 de viande maigre, de poisson ou de légumineuses sources de protéines
- 1/3 de céréales à IG bas ou de légumineuses
- 1/3 de légumes

Mon déjeuner

Votre assiette doit équilibrer les trois macronutriments. **Les légumes** doivent composer au moins un tiers de votre assiette. De manière générale, préférez les cuissons rapides, comme au wok, afin de conserver toutes les vitamines, rapidement dégradées à la cuisson. Il est également important de varier les types de légumes que vous consommez, afin de bénéficier des différentes vitamines et minéraux.

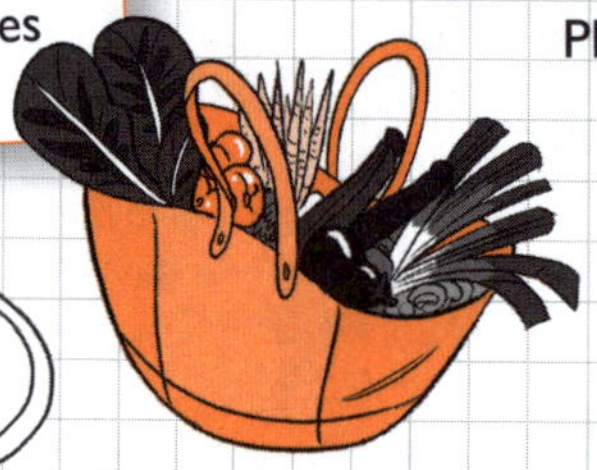

Plutôt que le soir, le midi est le moment privilégié où vous pouvez augmenter votre portion de **glucides complexes** (à IG bas), afin de vous donner l'énergie suffisante pour tenir toute la journée sans avoir faim. Ne faites pas l'impasse dessus !

Salade de pois chiches (pour 2 personnes)

- 1 bocal de pois chiches
- 1 branche de céleri
- Quelques filets d'anchois (optionnel)
- Huile d'olive
- Vinaigre
- Moutarde
- Muscade
- Sel et poivre

Dans un saladier, préparez une vinaigrette avec l'huile, le vinaigre, du sel et du poivre. Ajoutez un peu de muscade râpée et les filets d'anchois détaillés en petits morceaux. Coupez la branche de céleri en tout petits dés et ajoutez-les à la vinaigrette. Rincez les pois chiches et versez-les dans le saladier. Mélangez le tout et servez frais comme entrée ou salade principale.

Ragoût de fèves et artichauts à l'orientale (pour 4 personnes)

- 450 g de fèves pelées surgelées
- 300 g d'artichauts nettoyés surgelés
- 1 tasse d'oignons ciselés
- 3 gousses d'ail
- 1 c. à s. de concentré de tomate
- Huile d'olive
- Piment de Cayenne
- 1 litre de bouillon de légumes
- Sel et poivre

Faites fondre les oignons dans une sauteuse avec un filet d'huile d'olive, puis ajoutez l'ail haché et poursuivez la cuisson quelques minutes. Intégrez ensuite les fèves et les artichauts et faites-les dorer quelques minutes, puis ajoutez le concentré de tomate. Salez et poivrez à votre convenance et saupoudrez avec parcimonie de piment. Recouvrez les fèves et artichauts du bouillon préalablement réchauffé et poursuivez la cuisson à moyen bouillon afin de rendre les légumes fondants et de faire réduire le jus de cuisson. Servez chaud avec une viande ou un tofu grillé, par exemple.

Mes collations

Comme tous vos repas, votre collation doit être équilibrée, avec, à part égale, des protéines, des glucides et des lipides. Des pancakes protéinés sont le repas idéal. Néanmoins, si vous êtes dans le rush, vous pouvez également opter pour quelque chose de plus rapide et léger avant de partir à la salle.

Mon assiette

- Pancakes protéinés ou granola ou mélange de noix et amandes pour les protéines et les lipides
- Smoothie pour les glucides, les vitamines et les fibres

Pancakes express protéinés (pour 1 personne)

- 1 banane
- 2 œufs
- 1 c. à s. de noix de coco râpée
- 1 c. à c. de cacao en poudre
- Quelques fruits rouges (optionnel)
- Huile de coco

Dans un mixeur, placez la banane, les œufs et le cacao en poudre afin de former une pâte lisse et homogène, puis ajoutez la noix de coco râpée. Déposez un petit cercle de pâte dans la poêle et faites dorer les pancakes sur chaque face dans un peu d'huile de coco. Servez-les chauds parsemés de fruits rouges.

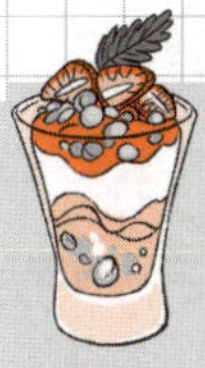

Coupe de granola énergétique (pour 1 personne)

- 100 à 150 g de fromage blanc
- 1 c. à s. de miel
- 2 c. à s. de granola maison (voir p. 47)

Dans une coupe, placez le miel au fond, puis recouvrez de fromage blanc avant d'ajouter le granola en topping. À déguster avant une séance de sport !

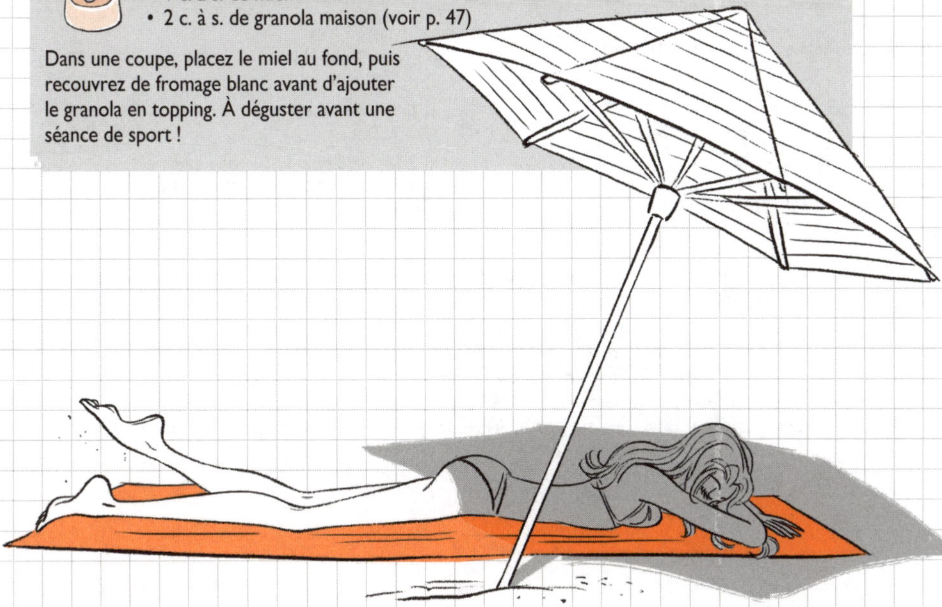

Mon assiette

- 1/3 de viande maigre, de poisson ou de légumineuses sources de protéines
- 1/3 de céréales à IG bas ou de légumineuses
- 1/3 de légumes

Mon dîner

Selon une idée reçue, il ne faudrait pas manger de glucides le soir pour ne pas grossir. Si ce sont des glucides à IG bas et si vous mangez en majorité des légumes, cela ne pose pas de problème.

Au dîner, comme au déjeuner, veillez à avoir une assiette suffisamment équilibrée. Celle-ci doit être composée d'environ un tiers de sources de protéines, un tiers de sources de glucides à IG bas et un tiers de sources de fibres, comme les légumes. Si vous êtes végétarienne ou végétalienne, la source de protéines et de glucides peut être confondue, comme avec les pois chiches, par exemple.

Soupe « pistou » à la niçoise facile (pour 4 personnes)

- 1 sachet de légumes pour minestrone ou soupe au pistou
- 1 belle poignée de feuilles de basilic
- 4 gousses d'ail
- 1 oignon
- Huile d'olive
- 1 poignée de vermicelles
- Sel et poivre

Dans un faitout, faites chauffer un filet d'huile d'olive et faites-y fondre l'oignon émincé puis l'ail. Ajoutez les légumes pour minestrone congelés et faites-les revenir avec l'oignon et l'ail. Salez et poivrez à votre convenance avant d'ajouter les pâtes, les feuilles de basilic hachées et de couvrir d'eau. Fermez le faitout et laissez cuire une vingtaine de minutes. Servez chaud, éventuellement saupoudré de parmesan.

Curry rouge de légumes (pour 4 personnes)

- 4 carottes
- 200 g de haricots mange-tout
- 1 barquette de champignons de Paris
- 250 g de riz thaï
- 4 filets de tofu à la japonaise
- 1 brique de lait de coco
- Bouillon de légumes
- 2 c. à c. de gingembre
- 2 c. à c. de citronnelle
- 2 échalotes
- 1 gros oignon
- 3 à 4 c. à s. de pâte de curry rouge
- Huile d'olive

Faites chauffer de l'huile d'olive dans une sauteuse et ajoutez le curry rouge afin d'obtenir une préparation homogène. Faites-y fondre l'oignon émincé et les échalotes ciselées, puis faites-y revenir les carottes épluchées et coupées en tronçons jusqu'à ce qu'elles commencent à devenir fondantes. Ajoutez alors les haricots mange-tout et, enfin, les champignons. Faites revenir l'ensemble des légumes jusqu'à ce qu'ils soient tous fondants. Ajoutez la citronnelle et le gingembre et poursuivez la cuisson en recouvrant avec du bouillon de légumes, jusqu'à ce que les légumes soient complètement cuits. Une fois la cuisson finie, versez le lait de coco et apportez un dernier bouillon. Ajustez l'assaisonnement. En parallèle, faites frire les filets de tofu dans une poêle et faites cuire le riz thaï. Servez les légumes et leur sauce avec le riz thaï et le tofu grillé.

Haro sur le grignotage !

Beaucoup de personnes aiment les repas-grignotage, c'est-à-dire des repas composés de plein de petites choses accumulées, comme des rillettes en entrée, un reste de quiche ensuite, du fromage car elles ont encore faim et un dessert pour la touche sucrée. L'inconvénient avec cette habitude, c'est que vous ne vous rendez pas bien compte de ce que vous mangez. En grignotant, on avale beaucoup plus de nourriture que si l'on s'était servi une assiette. De plus, ce type de repas est souvent peu équilibré. Prenez donc l'habitude de vous cuisiner de bons petits plats équilibrés, meilleurs pour votre ligne.

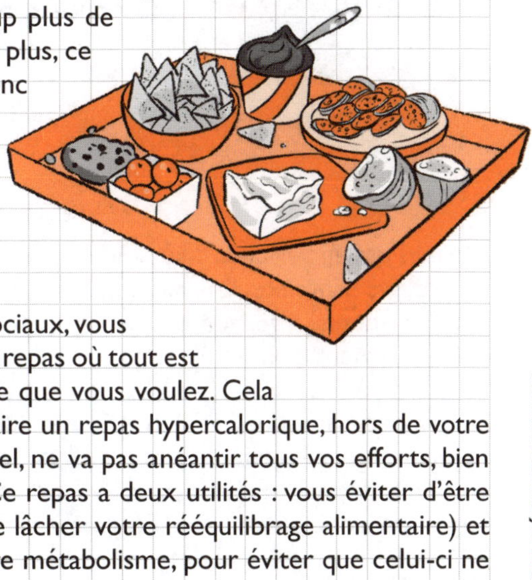

Mes cheat meals

Si vous suivez des stars du fitness sur les réseaux sociaux, vous avez forcément déjà lu ce mot. Un *cheat meal* est un repas où tout est permis. Hamburger, pizza ou glace, vous mangez ce que vous voulez. Cela vous surprend ? Contrairement à ce qu'on croit, faire un repas hypercalorique, hors de votre mode alimentaire habituel, ne va pas anéantir tous vos efforts, bien au contraire. Ce repas a deux utilités : vous éviter d'être frustrée (et de lâcher votre rééquilibrage alimentaire) et relancer votre métabolisme, pour éviter que celui-ci ne se ralentisse. En bref, cela vous permettra de mieux mincir. Donc ne culpabilisez plus si vous mangez un kebab avec votre chéri le samedi soir !

→ Octroyez-vous un à deux repas plaisir par semaine.

Les beautyfood pour être au top avant l'été

La preuve qu'une alimentation healthy, c'est du plaisir… Je vais partager avec vous mes *beautyfood* favoris. Ces aliments qui, en plus d'être bons pour la santé, prennent vraiment soin de votre corps, de votre ligne et de votre peau. Si vous en consommez régulièrement avant l'été, ils vous aideront à vous sentir bien et belle.

Le thé vert

Parmi toutes les variétés de thé, le thé vert reste celui qui offre le plus de bienfaits. En plus d'être vraiment délicieux, il est bourré d'antioxydants (dix fois plus que le thé noir), qui aident efficacement à combattre le vieillissement du corps, mais aussi à brûler les graisses. Drainant, le thé vert facilite l'élimination de l'eau et aide à lutter contre la cellulite. Certaines études montrent même qu'il accélérerait la perte de poids, quand d'autres affirment qu'il participe à la prévention des rides et des dommages cutanés. Même si boire du thé vert ne va pas nous faire perdre 5 kilos en une semaine, nous avons tout intérêt à l'intégrer dans notre quotidien, à raison d'une à trois tasses par jour. Petit coup de pouce dans votre perte de poids, il améliorera votre santé générale et l'aspect de votre peau avant de partir en vacances.

L'ananas

L'ananas est un véritable allié santé et minceur. Riche en broméline, une enzyme qui « digère » les grosses protéines, l'ananas stimule donc vivement la digestion et l'activité de l'intestin. Or, avoir une bonne digestion est directement synonyme de ventre plat ! La plupart des personnes qui se plaignent d'un ventre rond ont en réalité souvent des problèmes de constipation ou de ballonnements. L'ananas a également des propriétés diurétiques et détoxifiantes. Idéal dans le cadre d'un rééquilibrage alimentaire. De plus, la broméline dégrade les protéines fermes emprisonnant les cellules graisseuses, la peau deviendra donc plus souple. En gros, ce fruit, à consommer bien mûr et frais, a tout bon lorsque l'on souhaite prendre soin de son corps. N'hésitez pas à le consommer en dessert ou encore en smoothie, pour conserver toutes ses fibres. Il vous permettra de détoxifier votre corps avant l'été et d'arborer un magnifique ventre plat.

Les graines de chia

Originaire du Mexique, cette petite graine était cultivée par les Amérindiens. Récemment remises au goût du jour, les graines de chia possèdent une vertu particulièrement intéressante : elles sont très riches en oméga-3, mais également en calcium, en fibres et en manganèse. Grâce à leur richesse en oméga-3, qui participent à l'hydratation de la peau, la réparent et la décongestionnent, ces petites graines amélioreront la qualité de votre peau.

Idée recettes
Une occasion facile d'en consommer davantage est de les intégrer dans votre müesli du matin ou d'en faire un pudding en les laissant tremper une nuit dans du lait végétal. Sans saveur particulière, les graines de chia peuvent également s'intégrer dans vos salades, smoothies...

L'huile d'olive

Très riche en bons acides gras, l'huile d'olive contient également des antioxydants et des vitamines indispensables à notre santé. Cette huile méditerranéenne, très consommée par les sportifs, présente l'avantage (non négligeable) d'être anti-catabolique. En d'autres termes, elle a tendance à diminuer la dégradation musculaire : utile lorsque l'on cherche à se muscler ! De plus, les polyphénols qu'elle contient ont la propriété d'être anti-inflammatoires. Toutes les fit-girls devraient donc consommer régulièrement de l'huile d'olive afin de favoriser la prise de muscles (à nous, les fesses d'acier !) tout en réduisant l'inflammation.

Idée recettes
Elle est facilement utilisable dans les salades d'été, son parfum se mariant à merveille avec les tomates, l'avocat... Vous n'avez donc plus aucune raison de ne pas en consommer !

Bravo, vous avez réussi votre rééquilibrage alimentaire ! Vous devez vous sentir en pleine forme, complice avec votre corps et à l'aise avec votre ventre. Continuez ! Vous vous sentez bien à l'intérieur, et avec le troisième chapitre, vous vous sentirez bien aussi à l'extérieur.

Chapitre 3

Je sublime mon beach body !

Grâce à votre entraînement de fitness et à votre nouveau mode alimentaire healthy, vous êtes svelte et tonique. Pour parfaire la mise en beauté de ce beach body, vous allez vous chouchouter de la tête aux pieds. L'idée ? Être belle, bronzée, lookée en bikini… et rentrer de vacances sublimée !

Je prends soin de ma peau

L'été, notre peau est souvent malmenée. Le soleil la dessèche, le sable l'agresse. Occupées à s'amuser, on lui accorde peu de temps. Pourtant, si on souhaite bronzer en beauté et conserver son hâle au retour des vacances en évitant l'effet peau de croco, sympa sur un sac mais moins sur nos jambes, il est important de prendre soin de sa peau. Quelques minutes accordées quotidiennement font des miracles.

Le gommage

C'est LE secret pour obtenir une peau lumineuse, douce, hydratée et joliment hâlée. Après élimination des cellules mortes, votre peau paraît plus lumineuse, votre bronzage sera moins terne et votre hâle plus uniforme. L'action exfoliante favorise également le renouvellement cellulaire et votre peau paraîtra, sur le long terme, en meilleure santé. Par la suite, lorsque vous appliquerez un soin sur votre peau, celui-ci sera mieux absorbé par vos cellules « vivantes » et vous pourrez en profiter pleinement.

Les types de gommage

Deux types de gommage existent : celui où le produit comporte les grains, et celui où l'on utilise un gant rugueux avec du savon noir, par exemple (plutôt conseillé pour le corps). Si vous optez pour le gommage à grains, n'utilisez pas le même produit pour le visage et le corps. Veillez à choisir un gommage aux grains fins pour votre visage et un gommage aux grains plus grossiers pour le corps.

À quelle fréquence gommer ma peau ?

Pour être efficace, le gommage doit être pratiqué régulièrement. Au maximum deux fois, mais au moins une fois par semaine. Pourquoi ? Parce que, la peau se régénérant très vite, un gommage peu fréquent vous laisserait avec beaucoup de peaux mortes la plupart du temps. Si vous avez la peau grasse et épaisse, vous pouvez le faire deux fois par semaine. Si, au contraire, votre peau est très fine, voire fragile, faites-le une fois seulement. Ne sautez donc pas l'étape gommage – aussi importante pour les autres types de peau –, adaptez simplement le produit en conséquence.

Attention !
N'effectuez jamais de gommage après une exposition au soleil. Si vous partez pour une station balnéaire, faites votre gommage avant, chez vous, et n'agressez pas davantage votre peau durant vos vacances.

Le choix du bon gommage pour moi

Choisissez le gommage qui vous plaît, un produit ou le gant de crin. Le gommage au gant possède l'avantage d'être plus rapide, en revanche, il n'offre pas l'aspect de détente sensorielle que procurent le parfum et la texture du gommage en grains. Testez différentes textures : gel, crème épaisse ou crème liquide, afin de trouver celle qui vous correspond. Ce doit être un moment de plaisir !

Do it yourself ! Gommage au sucre

Mélangez 2 c. à s. de sucre semoule, 2 c. à s. d'huile végétale type coco, amande, etc. et 1 c. à c. de miel (facultatif) pour obtenir votre gommage. Vous pouvez y ajouter 1 goutte d'huile essentielle pour le parfumer (comme celle de rose musquée par exemple). Les grains de sucre, assez durs, conviennent bien au corps, car la peau est moins fragile que le visage. L'huile végétale adoucira la peau et le miel l'hydratera.

Do it yourself ! Gommage au thé

Mélangez 1 sachet de thé parfumé, 1 c. à s. de poudre d'amandes et 2 c. à s. d'huile d'amande douce afin de former une pâte. Ce gommage doux, aux grains plus souples, peut tout à fait être utilisé sur le visage, sur le buste ou sur le corps pour les peaux les plus sensibles.

Pour réussir mon gommage

Pour une bonne efficacité, il faut souvent insister sur certaines zones : sur les coudes et les genoux, par exemple, où la peau est plus épaisse et rugueuse. Ne vous acharnez pas, en revanche, sur les zones sujettes aux boutons afin de ne pas les irriter ou sur les zones fragiles, comme la poitrine, où il vaut mieux passer très délicatement.

L'hydratation

L'été, la peau est bien plus agressée que l'hiver. Le soleil, le sel, le chlore la dessèchent, c'est pourquoi il est indispensable d'en prendre soin et de bien l'hydrater.

Le mode d'emploi

En sortant de votre douche, après un bon gommage, séchez-vous délicatement avec une serviette et profitez-en pour appliquer une bonne crème hydratante. N'oubliez aucune zone : jambes, dos, visage ou buste, tout doit y passer ! Si vous avez le temps, couvrez-vous de crème deux fois par jour. Cela participera à contrer l'effet desséchant du soleil et vous évitera de ressembler à un crocodile du Nil. Le matin, privilégiez une crème fluide, comme un lait corporel, afin de ne pas vous sentir grasse toute la journée, et appliquez un baume plus épais et plus riche le soir, afin de ressourcer votre peau en profondeur pendant la nuit.

La bonne crème hydratante

De manière générale, je vous conseille d'acheter des cosmétiques bio. Tout particulièrement votre crème hydratante. Celle-ci étant complètement absorbée par la peau (à la différence d'un gommage que l'on rince), il est important que les ingrédients soient 100 % naturels. Fuyez donc toute crème contenant des silicones, de la paraffine ou des parabènes et choisissez-la à base d'huiles naturelles, comme l'huile d'amande douce.

Mon plan B hydratation

En déballant vos valises vous prenez conscience que vous avez oublié votre crème hydratante à la maison ? *Don't panic !* Une huile naturelle, comme l'huile de coco, le monoï (naturel, évidemment) ou l'huile d'amande douce font parfaitement l'affaire ! Les huiles, qui, contre toute attente, ne sont pas du tout « hydratantes », empêchent en revanche la déshydratation en formant un bouclier protecteur et en nourrissant en profondeur. N'hésitez donc pas à vous en enduire à la sortie de la douche.

Les lèvres

On les oublie souvent, mais ne négligez pas vos lèvres. Leur peau hyper fine est très vite brûlée dès que l'on s'expose au soleil, au chaud ou au froid. Enduisez-les donc très régulièrement d'un baume naturel, ou tout simplement d'un beurre végétal tel que le beurre de karité ou de cacao.

Je sublime mon bronzage

Votre peau commence à brunir, votre visage retrouve bonne mine. Vous voulez faire ressortir votre bronzage et le mettre en valeur naturellement ? Pourquoi ne pas essayer les huiles satinantes ? Le léger filme gras que l'huile dépose à la surface de la peau met en valeur votre carnation et vos formes. Si vous la choisissez pailletée, comme de nombreuses marques le proposent actuellement, votre bronzage sera magnifié. Parfait pour sortir le soir !

La protection solaire

Le jour J est arrivé. Vous êtes en vacances et vous n'avez qu'une idée en tête : obtenir un joli hâle sexy. Le pire serait de gagner un look d'écrevisse ! Bien que vous ayez pris toutes vos précautions pour vous protéger du soleil (comprimés, chapeau, parasol, etc.), rien ne remplace la crème solaire. Afin d'éviter l'apparition d'un cancer de la peau, choisissez l'indice de protection adapté à votre type de peau et à la puissance du soleil.

Peau très claires et claires

Si vous avez la peau très blanche, avec parfois des taches de rousseur, vous attrapez certainement des coups de soleil à la moindre exposition. Utilisez absolument un indice 50 (écran total), le plus élevé du marché, en toutes circonstances.

Peaux intermédiaires

Si vous avez la peau claire mais prenez rarement des coups de soleil, généralement lors d'expositions longues et intenses, vous avez une peau intermédiaire. Lorsque le soleil est très fort, comme en vacances, vous devez utiliser une crème solaire d'indice compris entre 30 et 50, en fonction de la météo.

Peaux mates

Même si votre peau mate est moins sensible au soleil, si vous bronzez facilement sans prendre de coups de soleil, il est toutefois indispensable d'utiliser une crème protectrice. Elle diminue les risques de vieillissement de la peau et de cancer cutané. Pour vous, une crème solaire d'indice 30 est adaptée.

Même si vous utilisez une protection solaire à l'indice élevé, n'oubliez pas de renouveler toutes les 2 heures l'application afin de maintenir le niveau de protection (particulièrement après les baignades). Et ne négligez pas d'en mettre même sous un ciel nuageux.

Je prends soin de mes cheveux

Nos cheveux, déjà fragilisés par le sèche-cheveux, le lisseur et les colorations, sont, tout comme notre peau, particulièrement abîmés durant l'été. En effet, le soleil détériore leur fibre, et le sel achève le travail en les déshydratant. Pour éviter de devoir couper 30 cm à votre retour de vacances et de devoir filer chez le coiffeur, ces quelques astuces pourraient vous sauver.

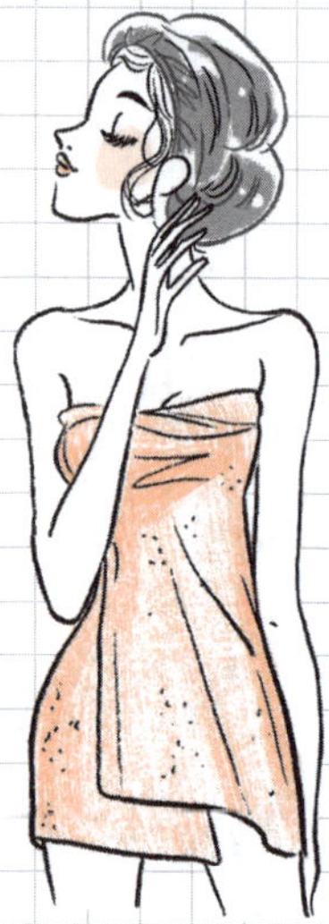

Avant les vacances

Un mois avant de partir, préparez vos cheveux en leur faisant une à deux fois par semaine un masque ultra-nourrissant. Délaissez lisseurs et autres appareils chauffants afin de ne pas les fragiliser et évitez autant que possible les colorations ou les mèches.
Non seulement, cela va les abîmer inutilement avant une période plutôt néfaste pour nos cheveux, mais c'est sans grand intérêt sachant que tous les cheveux ont tendance à s'éclaircir au soleil. Profitez donc de vos vacances pour vous offrir un *tie and dye* naturel qui ne vous demandera aucun entretien et qui ne vous coûtera rien ! Car, en réalité, ce qui fait virer votre coloration ou vos mèches au rouge ou verdâtre est justement la détérioration de la fibre capillaire. À bonne entendeuse…

À la plage…

L'évidence : le chapeau

La première chose à faire est tout simplement de porter un chapeau. Il protégera vos cheveux des rayons nocifs du soleil, vous évitera d'avoir chaud, d'attraper une insolation ou encore un coup de soleil sur votre joli minois. Il a tout bon. Choisissez un chapeau trendy qui vous plaît, pour vous donner envie de le porter souvent. En plus d'être *safe*, vous serez hyper tendance !

L'huile pour les cheveux

En enduisant votre crinière de monoï, vous formez un bouclier contre le sel de mer. C'est mon astuce préférée lorsque je vais me baigner. Pratique, l'huile vous permettra aussi de serrer vos cheveux en un joli chignon et de ne pas être ennuyée par des mèches rebelles volant en tous sens. Son parfum de coco est irrésistible !

Les protections solaires pour cheveux

Il existe des produits capillaires contenant des filtres qui agissent sur vos cheveux comme votre crème solaire. Ils peuvent être utiles en cas de longues expositions, et certains sont même conçus pour protéger le lissage brésilien, grâce à la kératine qu'ils contiennent.

Hair protection maison

Mais pourquoi faire compliqué ? Attachez tout simplement vos cheveux ! Les coiffures, que j'appelle coiffures protectrices, vous permettront de mettre votre tignasse à l'abri du soleil, des embruns et du sel. Pour que ça fonctionne, vos cheveux doivent être enroulés sur eux-mêmes, minimisant ainsi l'exposition sans se fragiliser.

> Pour le look bohème : optez pour les tresses plaquées, qui ne nécessitent aucune barrette et un seul élastique (pour finir votre tresse).
> Pour le look romantique : les chignons « lose » qui ne serrent pas trop vos cheveux, ne nécessitent pas trop de pinces en métal et sont rapides à faire.

De retour à la maison

Le shampoing

Une fois de retour chez vous, il est indispensable que vous laviez vos cheveux pour retirer tout le sel, le sable ou le chlore qui peut y être logé. Néanmoins, si vous devez les laver souvent, parce que vous allez vous baigner tous les jours par exemple, choisissez absolument un shampoing extra-doux qui n'agressera ni vos cheveux, ni votre cuir chevelu.

Le séchage

De manière générale, il vaut mieux, durant l'été, délaisser le sèche-cheveux ainsi que le lisseur. Profitez de cette période pour laisser vos cheveux sécher naturellement, et si vos frisottis vous gênent, misez sur les coiffures bohèmes avec tresses plaquées, accessoires, etc.

Les soins

Appliquez ensuite un après-shampoing réparateur afin de démêler vos cheveux sans les abîmer et de lisser les écailles. Ce soin très léger ne dispense pas toutefois de faire, une fois par semaine, un bon masque réparateur qui nourrira en profondeur la fibre. Choisissez un produit bio et riche en éléments tels le beurre de karité, l'huile d'amande douce ou de coco. Fuyez les masques à base de silicone, qui « maquilleront » vos cheveux abîmés sans les réparer.

Mes astuces anticellulite

Bien évidemment, pour obtenir un résultat, il est indispensable de combiner ces astuces avec une activité physique régulière et une alimentation saine.

Si elle touche toutes les femmes, la cellulite n'est pas une fatalité. Pour ne pas devoir échanger votre tout petit bikini contre une combinaison de plongée, adoptez ces solutions sans attendre. Objectif : combattre la cellulite, et même l'éliminer totalement.

Les gommages au marc de café

Les gommages donnent à la peau un aspect plus lisse ; la caféine, quant à elle, a la réputation d'éradiquer toute trace de peau d'orange. Utiliser le marc de votre café du matin comme gommage est donc une solution efficace, facile et économique pour vous débarrasser des peaux mortes et des rugosités. Si vous aimez l'odeur gourmande du café matinal, tout comme moi, vous allez adorer ! On trouve facilement des gommages au marc de café dans les commerces spécialisés, mais il est tout aussi aisé d'en réaliser un soi-même.

Do it yourself ! Gommage au café

Mélangez 2 c. à s. de marc de café et 2 c. à s. d'huile de coco, puis appliquez la pâte sur une peau lavée et mouillée. Gommez doucement votre peau en insistant sur les zones les plus rugueuses. Rincez. Grâce à l'huile contenue dans le gommage, vous n'aurez pas besoin d'appliquer une crème hydratante après.

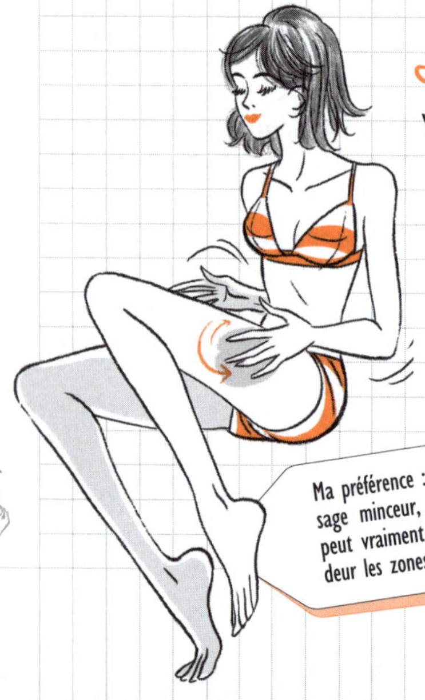

Les massages

Vous vous souvenez de ces crèmes anticellulite que vous avez pu acheter et dont vous avez été très déçue ? Vous les appliquiez certainement vitesse TGV à la sortie de la douche. Mauvais réflexe. C'est le massage de la peau durant l'application qui produit les résultats. Le massage doit être adapté à la zone concernée, mais consiste souvent en un palper-rouler doux. Comme pour le sport, la régularité fait l'efficacité. Choisissez donc votre produit minceur plutôt gras, pour vous obliger à bien masser avant l'absorption. À vous, la peau aussi lisse que celle d'un bébé en un clin d'œil ! Si vous êtes un peu flemmarde, vous pouvez adopter les petits accessoires à palper-rouler. Efficaces, ils feront le job pour vous !

Ma préférence : les huiles de massage minceur, avec lesquelles on peut vraiment masser en profondeur les zones rebelles.

Je choisis le bon maillot de bain

Plus le maillot est riquiqui et plus il dévoile vos petits défauts ? Faux ! Choisissez le maillot qui vous met en valeur !

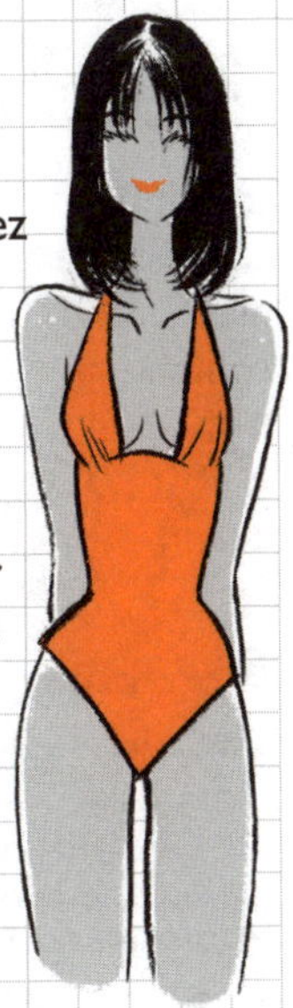

Le mix pour plus de style

Comme toute femme qui se respecte, vous avez trois ou quatre maillots dans votre dressing… au moins. Ça tombe bien : plus on en a et plus on peut booster son style, en mixant modèles, couleurs et formes. Bien que la seule limite soit votre imagination, quelques conseils de base vous éviteront le fashion faux pas.

À faire

- Combiner toutes les formes : triangles, push ups, bandeaux avec shortys, culottes ou tangas.
- Mixer les couleurs. Restez néanmoins dans la même densité de couleur : les flashys avec les flashys, les pastels avec les pastels.
- Mélanger les motifs (uniquement pour les fashionistas averties). Réussis, ces mélanges sont le top du style, mais ils sont très risqués. Ne tentez pas si vous n'êtes pas sûre de vous.

À éviter

- Associer une pièce à motifs avec une pièce unie lorsqu'elles n'ont aucune couleur en commun : faute de goût assurée !
- Mélanger les matières, comme un tissu soyeux brillant et un coton qui commence à pelucher, rien de moins sexy…
- Les maillots à strass façon Paris Hilton au bord de sa piscine. Souvent peu adaptés à la plage, ils font vite bling-bling.

Le bon maillot suivant ma morpho

Tous les maillots ne vont pas à toutes. L'idée : mettre en valeur vos formes.

Poitrine généreuse → soutien-gorge bien emboîtant pour la mettre en valeur et la maintenir.

Poitrine discrète → soutien-gorge rembourré, à fronce ou à frou-frou pour lui donner du volume.

Petit ventre → 1 ou 2 pièces vintage gainant mais sexy.

Hanches généreuses ou fesses discrètes → bas de maillot brésilien.

Les bas de maillots brésiliens, plus échancrés que la culotte, sont très flatteurs. Ils lifteront vos fesses si elles sont généreuses et donneront l'impression de plus de volume si elles sont un peu plates ! De plus en plus de marques en proposent.

Je m'épile

Comment s'épiler durablement, sans grimacer de douleur ? Si vous vous rasez par commodité, tout en sachant que ce n'est pas l'idéal, adoptez la cire, aussi rapide, mais douce, longue durée, qui n'agresse pas la peau et ne vous picotera pas au contact de l'eau de mer. Tous les conseils de **Julien Kaibeck, blogueur bien-être et beauté au naturel, chroniqueur télé, auteur du *Bien-être au naturel* aux éditions Solar**.

Cire dépilatoire au sucre (pour 300 g de cire) par Julien Kaibeck (*Le Bien-être au naturel*, Solar)

- 300 g de sucre fin
- 1 c. à s. de miel
- le jus de ½ citron
- 1 pincée de sel fin

Dans une casserole, versez le sucre et environ 10 cl d'eau […]. Mélangez. Ajoutez ensuite le miel et le sel et délayez bien le tout à l'aide d'une fourchette […]. Placez la casserole sur le feu et portez à ébullition à feu vif, en remuant […]. Lorsque le mélange commence à mousser, baissez le feu et ajoutez le jus de citron. Portez de nouveau le mélange à ébullition, à feu vif […] environ 15 minutes pour obtenir un caramel onctueux et doré. Testez la préparation en prélevant une goutte avec la cuillère. Laissez-la tomber sur le dos d'une assiette plate mouillée d'eau froide. Si la goutte fige, c'est bon […]. Quand la pâte est tiède, prélevez une boule avec les mains préalablement passées sous l'eau froide et travaillez-la du bout des doigts. Malaxez jusqu'à ce qu'elle devienne nacrée et plus claire. Remouillez-vous les doigts régulièrement. Appliquez cette « cire » dans le sens du poil sur la zone à épiler, en l'étirant sous les doigts, et tirez d'un coup sec en sens inverse. […]

J'évite les rougeurs disgracieuses après l'épilation

Par Julien Kaibeck (*Le Bien-être au naturel*, Solar)

Vous avez des rougeurs post-épilatoires, éventuellement des démangeaisons ? Pour les calmer, mettez 3 gouttes de gel d'aloe vera et 2 gouttes d'huile de calendula dans le creux de votre main, émulsionnez et appliquez aussitôt après l'épilation. Vous pouvez renouveler ce soin trois à quatre fois dans les 24 heures qui suivent l'épilation si votre peau est très sensible.

J'évite la repousse

Par Julien Kaibeck (*Le Bien-être au naturel*, Solar)

Ce n'est pas vraiment possible, hélas ! Néanmoins, pour ralentir la repousse des poils, vous pouvez, comme on le fait traditionnellement en Afrique du Nord et en Espagne, recourir à l'huile de souchet (*Cyperus esculentus*) […]. Cette huile fine s'applique dès le lendemain de l'épilation, et tous les jours ensuite pendant 2 semaines, en massage localisé sur la zone épilée. C'est aussi un bon soin hydratant, subtilement parfumé.

Le maquillage de plage

Doit-on se maquiller à la plage ? En effet, il n'est pas très pratique d'appliquer sa crème solaire sur le fond de teint, mais en plus, le maquillage mélangé à la transpiration risque d'obstruer vos pores et de vous donner des boutons. Une peau nude se sentira mieux et vous garantira un meilleur effet au retour de vacances. Pour autant, pas question de vous montrer les sourcils désordonnés et les yeux cernés ! Voici comment vous sublimer à la plage.

Le teint

Même si, en temps normal, soigner le teint est primordial et indispensable, au soleil, il vaut mieux éviter les produits sur le visage. Cela vous empêche d'appliquer votre protection solaire (très importante) et cela va vite donner un aspect luisant à votre peau.

La solution pour un teint parfait ? Quelques jours avant vos vacances, faites un bon gommage et abusez des soins afin que votre peau soit lumineuse et la plus uniforme possible. Le jour J, laissez-la respirer. Le soleil va rapidement se charger de lui donner un hâle à l'effet bonne mine imbattable qui camouflera toutes vos petites imperfections.

Qu'est-ce que je dois donc maquiller ?

Tout d'abord les sourcils

Sans en faire trop, restructurez vos sourcils à l'aide d'une pommade waterproof qui donnera plus de profondeur à votre regard et de style à votre visage. Elle ne coulera pas si vous transpirez et ne partira pas dans l'eau.

Les yeux

Misez sur le mascara résistant à l'eau. Le produit n'étant pas au contact de votre peau, aucun risque qu'il coule avec la chaleur. Vous pouvez vous baigner en toute sécurité. Les formules colorées, par exemple turquoise, apportent un peu de peps. Si elles sont plutôt à éviter le reste de l'année, c'est le moment idéal pour les porter. Le duo maquillage cils + sourcils sera discret, ne vous incommodera pas sur la plage, et réveillera immédiatement votre visage.

La bouche

L'ultime astuce est d'utiliser les baumes protecteurs teintés et glossy. C'est l'arme 2 en 1 pour finir cette rapide mais efficace mise en beauté « spéciale plage ». En plus de protéger efficacement vos lèvres du dessèchement dû au soleil, à l'air et au sel, ils les repulperont discrètement. Un peu teintés de rouge ou de rose, ils apporteront une touche fraîche.

Ma summer manucure

L'été est le moment idéal pour se laisser aller à toutes nos envies. Lorsque les mains sont hâlées, même les vernis les plus pâles prennent tout leur sens. Et si vous avez envie de couleur flashy, c'est le moment parfait pour craquer.

Comment limer mes ongles ?
L'idéal est d'utiliser les grosses limes professionnelles en carton. En plus de durer deux fois plus longtemps, elles présentent plusieurs faces et sont plus efficaces. Utilisez la face forte pour raccourcir vos ongles et la face plus douce pour peaufiner. Limez toujours de l'extérieur de l'ongle vers l'intérieur, sans effectuer d'aller-retour pour éviter qu'il se dédouble.

La préparation

Avant de laquer vos ongles, assurez-vous que ceux-ci sont bien propres, démaquillés et bien limés. Le vernis accrochera mieux sur un ongle soigné.

Le limage de vos ongles doit correspondre à leur forme naturelle. Bien que la mode soit aux ongles en amande, ne succombez pas si votre base est totalement carrée. De même, ne les limez pas en carré si la forme naturelle est arrondie. Adoptez tout simplement la forme qui vous va le mieux !

Quelle forme me convient ?

J'ai les ongles parallèles : la base et le bout de mes ongles a la même dimension.

J'ai les ongles longs → Les formes carrée, arrondie, ovale.

J'ai les ongles courts → Les formes carrée, ronde.

J'ai les ongles en éventail : la base de mes ongles est plus étroite que le bout.

J'ai les ongles longs → Les formes ovale, en amande.

J'ai les ongles courts → La forme ronde.

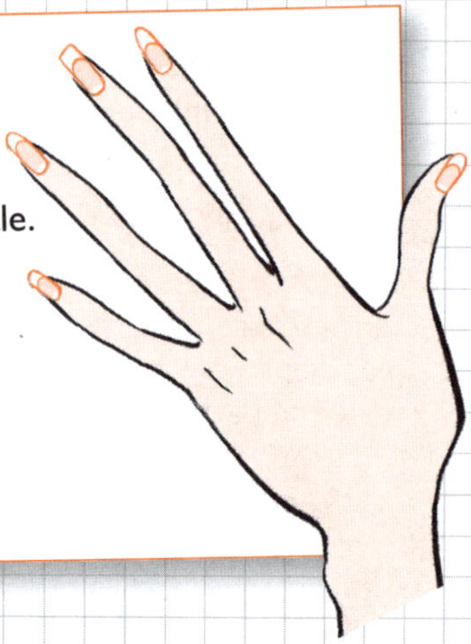

La base

Avant d'appliquer votre couleur, n'oubliez pas de passer une couche de base. Celle-ci, en plus de faire adhérer votre vernis, évitera à vos ongles de jaunir ou de garder une couleur rosée une fois le vernis retiré. De même, passez une couche de top coat une fois le vernis sec pour la brillance et une meilleure tenue.

Petite astuce de pro : les huiles de séchage
Commercialisées par de nombreuses marques, elles vous permettront de faire sécher votre vernis en un temps record. Pratique lorsque l'on ne peut pas consacrer 30 minutes de ses vacances à attendre que son vernis soit bien sec…

Les couleurs de l'été

Misez soit sur un vernis ultra-nude qui va faire ressortir votre bronzage, comme un blanc rosé légèrement transparent (pour éviter l'effet blanco peu sexy), soit sur une couleur franche ou flashy, tel un fushia ou un vert mousse assorti à vos accessoires. Peu importe la couleur sur laquelle vous craquez, l'important est qu'elle se marie bien avec votre carnation. Évitez le beige qui se confond avec votre peau, par exemple. Choisissez-la un ton en dessous ou un ton au-dessus, pour contraster discrètement.

Les matchs couleur qui fonctionnent

Si vous avez la peau claire :
les nudes rosés, les nudes gris, les couleurs pastel.

Si vous avez la peau dorée :
tous les nudes, les couleurs acidulées, les prune et aubergine.

Si vous avez la peau mate :
les nudes plus soutenus, les couleurs flashy.

Et le nail art ?

Les manucures fantaisies, très tendance, sont dans leur élément en été. Votre french manucure s'adapte à l'été, en se faisant plus légère, plus nude.

Les motifs sont à manier avec beaucoup de précaution pour ne pas tomber dans le mauvais goût. Choisissez les manucures fantaisie fraîches et colorées tutti frutti ou à fleurs, l'écume de strass sur un nude, les motifs ethniques, arty ou pop art colorés, les motifs marins et bleus graphiques… Attention à varier les motifs et les densités sur les doigts, pour alléger.

Inspirez-vous des nailistas sur Internet, elles sont très créatives et proposent souvent des tutos pour réaliser soi-même leurs manucures.

N'oubliez pas de glisser, dans votre valise, une petite bouteille de dissolvant afin de pouvoir retirer votre vernis dès que celui-ci commencera à s'écailler. Rien n'est moins glamour qu'une manucure abîmée !

Les accessoires

L'été est la saison parfaite pour sortir tous vos accessoires. Les tenues étant généralement assez légères, dans le matériau comme dans le motif, ils viennent compléter le look et lui donner tout son caractère. N'hésitez pas à en abuser !

Les bijoux

Les bracelets brésiliens apportent une touche un peu bohème et colorée à n'importe quel débardeur-minishort-sandales. N'hésitez pas à les cumuler, à mixer les coloris et les tissages, afin d'adopter un véritable look exotique. Vous en trouverez à tous les prix, des plus abordables aux plus luxueux et de toutes les couleurs.

Autre pièce tendance : **les colliers plastron XXL**. Qu'ils soient en métal, en tissu ou au crochet, ils apporteront sans aucun doute la touche in de votre tenue. À porter sur un top uni, tel qu'un simple débardeur blanc par exemple, pour styliser votre look. Faites néanmoins attention avec les colliers en métal cheap, qui laisseront de vilaines traces bleues sur votre peau au moindre coup de chaud. Les sautoirs (en corde, en métal), sont aussi de sortie.

Les chapeaux

Le dernier accessoire que je vous conseillerai, aussi pratique que stylé : le chapeau de paille. Panama, bohème, pork-pie ou oversize… Tout en vous protégeant du soleil et des fortes chaleurs, il finira votre look à merveille.

Les tattoos

C'est LA tendance de ces derniers étés. Classe, chic et bohème, il se présente sur des planches, aux motifs ethniques ou fantaisie, souvent métallisés. Dorés, argentés ou noirs, les tattoos nouvelle génération apportent une touche stylée à une tenue épurée de vacances. Misez sur les plumes, à placer sur le dessus du pied, sur les hanches ou sur le doigt, ou encore sur les « bracelets » ethniques à enrouler autour du bras ou de la cheville.

Attention : ne superposez pas d'accessoire avec votre tattoo. Celui-ci serait moins visible, et vous risquez de tomber dans le too much. Dans tous les cas, le beach look parfait est celui qui mêle praticité et style, simplicité et bohème attitude et dans lequel on se sent bien !

Chapitre 4

Mon beach body challenge

10, 9, 8, 7… Maintenant que vous avez toutes les cartes en main pour rééquilibrer votre alimentation et vous mettre au sport, le compte à rebours avant vos vacances est lancé ! Voici un programme complet élaboré sur un mois afin d'appliquer tous les bons conseils que vous avez pu lire. Vous allez ainsi faire travailler tous les muscles de votre corps afin de vous muscler, de vous raffermir et de perdre les petits bourrelets disgracieux. Objectif : mincir là où il faut et avoir de jolies formes là où il faut !

Vous mangerez healthy, bien sûr, et vous appliquerez tous nos conseils beauté pour être au top et profiter de tous les bénéfices de vos vacances pour rentrer sublimée.

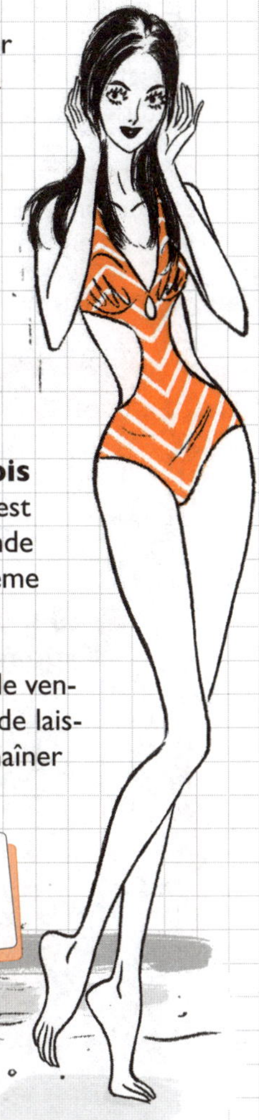

Si vous avez le moindre doute sur un mouvement ou sur votre placement, n'hésitez pas à consulter un professionnel.

Le programme est constitué de **trois séances par semaine**. La première est dédiée au travail du bas du corps, la seconde à celui du haut du corps et enfin, la troisième est une séance full-body.

Vous pouvez, par exemple, prévoir vos workouts le lundi, le mercredi et le vendredi, ou encore les mardi, jeudi et samedi. Essayez autant que possible de laisser un jour de repos entre chaque séance. Si vous êtes contrainte d'enchaîner deux séances consécutives, veillez à effectuer les circuits 1 et 2 lors de ces deux séances.
Certaines séances requièrent des échauffements, qui sont alors indiqués. Dans d'autres séances, les échauffements sont intégrés, et il n'est pas nécessaire de réaliser des mouvements d'échauffement supplémentaires.

Si vous n'avez pas d'haltères, utilisez des bouteilles d'eau d'1,5 litre.

Semaine 1 : Je me dérouille !

Top départ ! Cette première semaine, vous décrassez tout votre organisme. Prenez-en soin de l'extérieur en vous chouchoutant, de l'intérieur en vous débarrassant des mauvais aliments, et remuez-vous dès à présent avec votre séance training !

Mon programme beauté

Cette semaine :

- J'arrête mes colorations ou mes mèches pour laisser mes cheveux au naturel et éviter les catastrophes à la plage.
- Je fais un masque pour mes cheveux.
- Je n'oublie pas mon gommage.
- J'hydrate tout mon corps.
- J'abuse des infusions détox.

Mon programme nutrition

Je commence par faire le ménage dans mes placards et me débarrasser des sucres raffinés, comme les biscuits, les viennoiseries, les sucreries…

SÉANCE 1 : BAS

1 40 × jump squats

2 20 × squats

3 20 × squats petite amplitude

1 minute de repos

4 40 × montées de genoux

5 40 × fentes alternées

6 20 × fentes unilatérales

1 minute de repos

7 50 × extensions de mollets

Contractez bien les mollets lorsque vous êtes sur la demi-pointe.

8 50 × inclinaisons de buste

Pour l'inclinaison de buste, vous pouvez prendre une bouteille d'eau dans chaque main afin de corser l'exercice.

- **Si vous êtes débutante**, répétez le circuit 1 à 2 fois.
- **Si vous pratiquez déjà une activité physique**, répétez le circuit 3 fois.
- Prenez 2 à 3 minutes de repos entre chaque circuit.
- N'oubliez pas le stretching à la fin de votre séance !

SÉANCE 2 : HAUT

Échauffements : faites des mouvements de bras et du buste (petits cercles, étirements) afin de chauffer les articulations des épaules, du dos.

1 10 × burpees

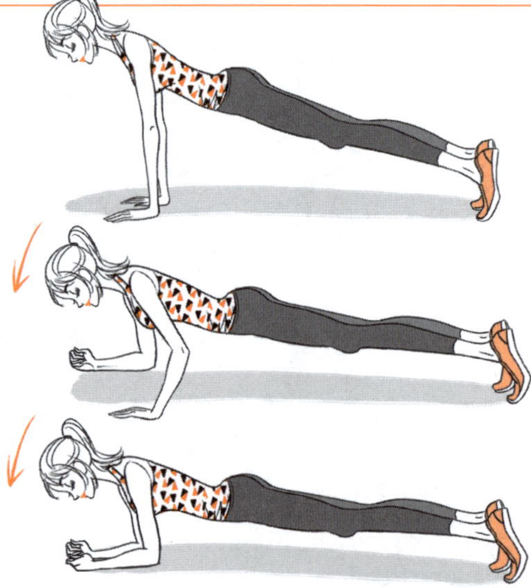

2 10 × commandos

N'hésitez pas à utiliser des bouteilles d'eau bien remplies pour faire travailler vos biceps.

3 20 × biceps curls

1 minute de repos

4 10 × mountain climber

5 15 × superman

6 10 × dips

Utilisez le rebord d'une chaise, d'un lit ou d'un canapé pour faire vos dips.

1 minute de repos

7 30 secondes de gainage face

8 30 secondes de gainage côté gauche

9 30 secondes de gainage côté droit

- **Si vous êtes débutante**, répétez le circuit 1 à 2 fois.
- **Si vous pratiquez déjà une activité physique**, répétez le circuit 3 fois.
- **Adaptez les poids** à votre niveau et à vos capacités.
- Prenez 2 à 3 minutes de repos entre chaque circuit.
- N'oubliez pas le stretching à la fin de votre séance !

SÉANCE 3 : FULL BODY

1 20 × jumping jacks

2 20 × sumo squats

3 20 × sumo squats petite amplitude

1 minute de repos

4 10 × burpees

Si vous avez des difficultés à effectuer les push ups, vous pouvez les faire sur les genoux.

5 **10 × push ups**

6 **30 × élévations**
(10 avant, 10 latéral et 10 arrière)

1 minute de repos

7 **20 × spider plank**

- **Si vous êtes débutante**, répétez le circuit 1 à 2 fois.
- **Si vous pratiquez déjà une activité physique**, répétez le circuit 3 fois.
- **Adaptez les poids** à votre niveau et à vos capacités.
- Prenez 2 à 3 minutes de repos entre chaque circuit.
- N'oubliez pas le stretching à la fin de votre séance !

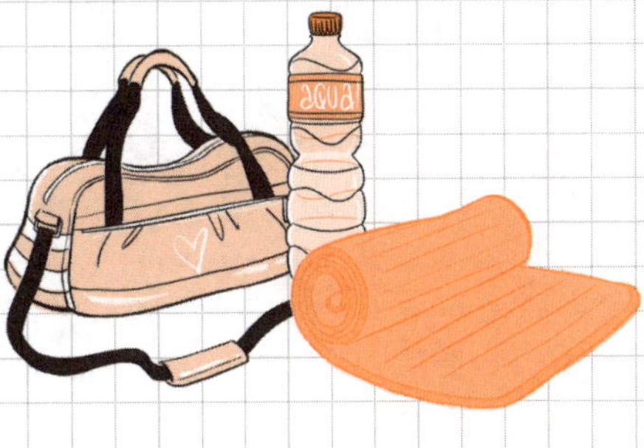

Semaine 2 : Je me remets en forme

Après avoir réveillé votre corps et commencé à le détoxifier des sucreries, poursuivez votre remise en forme et votre transition vers une alimentation healthy.

Mon programme beauté

Cette semaine :

- Je fais un masque pour mes cheveux.
- Je n'oublie pas mon gommage.
- J'hydrate tout mon corps.

Mon programme nutrition

Je suis attentive à toutes les mauvaises graisses cachées. Haro sur la charcuterie, les croissants, la crème fraîche…

SÉANCE 1 : BAS

1 40 × x-hops

Pour les fentes, allez chercher loin derrière avec le pied arrière.

2 20 × fentes sautées alternées

3 20 × fentes unilatérales pied arrière relevé

1 minute de repos

4 10 × burpees

⑤ 20 × sumo squats avec fente croisée arrière

⑥ 20 × sumo squats petite amplitude

1 minute de repos

⑦ 50 × extensions de mollets

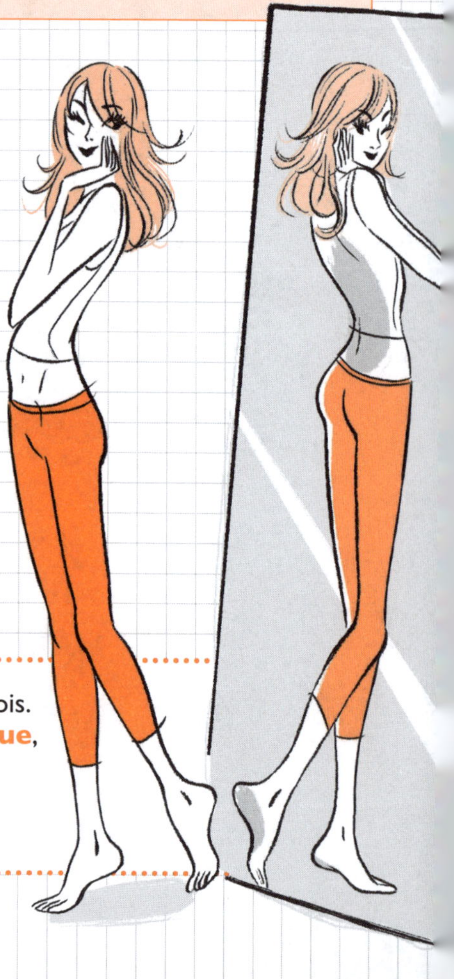

- **Si vous êtes débutante**, répétez le circuit 1 à 2 fois.
- **Si vous pratiquez déjà une activité physique**, répétez le circuit 3 fois.
- Prenez 2 à 3 minutes de repos entre chaque circuit.
- N'oubliez pas le stretching à la fin de votre séance !

SÉANCE 2 : HAUT

1 40 × jumping jacks

2 40 × rotations de buste

Pour les rotations de buste, n'oubliez pas de bien gainer votre sangle abdominale.

3 20 × mouvements « oiseau »

Pour l'oiseau, gardez le dos bien droit.

1 minute de repos

4 40 × talons-fesses

5 20 × extensions de triceps

Pour les extensions de triceps, tenez vos coudes bien proches de votre tête.

6 20 × biceps prise marteau

1 minute de repos

7 10 × push ups

8 30 secondes de gainage

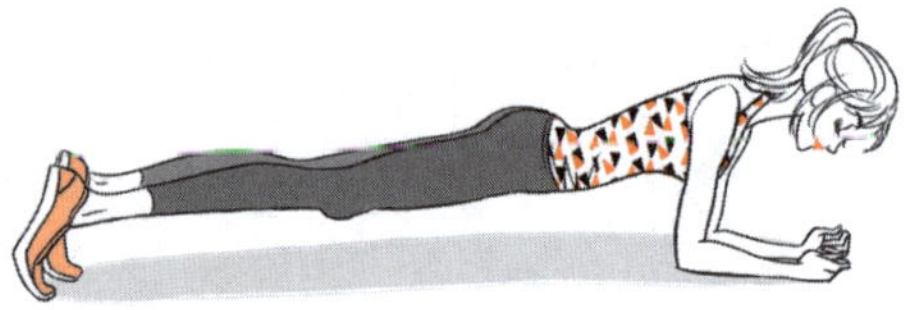

- **Si vous êtes débutante**, répétez le circuit 1 à 2 fois.
- **Si vous pratiquez déjà une activité physique**, répétez le circuit 3 fois.
- Prenez 2 à 3 minutes de repos entre chaque circuit.
- N'oubliez pas le stretching à la fin de votre séance !

SÉANCE 3 : FULL BODY

1 20 × sauts

2 20 × squats petite amplitude

3 40 × levés de bassin

Pour les levés de bassin, marquez un temps d'arrêt de 1 ou 2 secondes en haut, puis redescendez.

1 minute de repos

4 40 × battements de jambes

5 10 × push ups

1 minute de repos

6 60 × rotations de bras

7 20 × rotations de buste

- **Si vous êtes débutante**, répétez le circuit 1 à 2 fois.
- **Si vous pratiquez déjà une activité physique**, répétez le circuit 3 fois.
- Prenez 2 à 3 minutes de repos entre chaque circuit.
- N'oubliez pas le stretching à la fin de votre séance !

Semaine 3 : Je monte en puissance

À ce stade, votre organisme commence déjà à se purifier et vos muscles à s'activer. Finies les premières courbatures de la remise en route de la machine, vous devez donner le meilleur de vous-même !

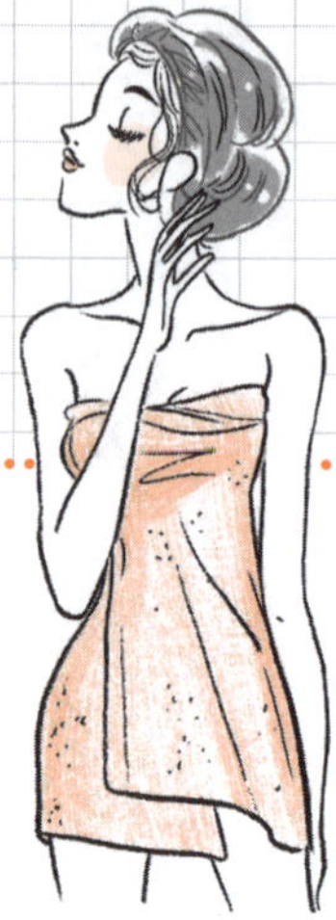

Mon programme beauté

Cette semaine :

- Je fais un masque pour mes cheveux.
- Je n'oublie pas mon gommage.
- J'hydrate tout mon corps.

Mon programme nutrition

Je limite les produits industriels et je me mets à cuisiner maison. Je réfléchis à mon organisation pour préparer mes petits plats à l'avance, et je profite de mon week-end pour découvrir de nouvelles recettes en amoureux ou entre copines, c'est bien plus chouette !

SÉANCE 1 : BAS

1 40 × montées de genoux

2 20 × jump squats

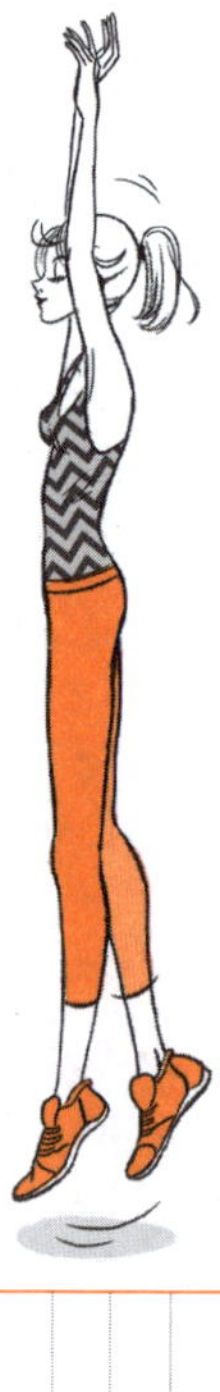

3 20 × squats avec élévation arrière

Entre chaque squat avec élévation arrière, le pied doit partir en diagonale vers l'arrière (45 degrés environ). La jambe ne doit ni partir sur le côté, ni complètement derrière.

1 minute de repos

4 40 × fentes avant alternées

5 20 × fentes avant unilatérales petite amplitude

1 minute de repos

6 20 × donkey kicks petite amplitude de chaque côté

7 10 × gainage ciseau de chaque côté

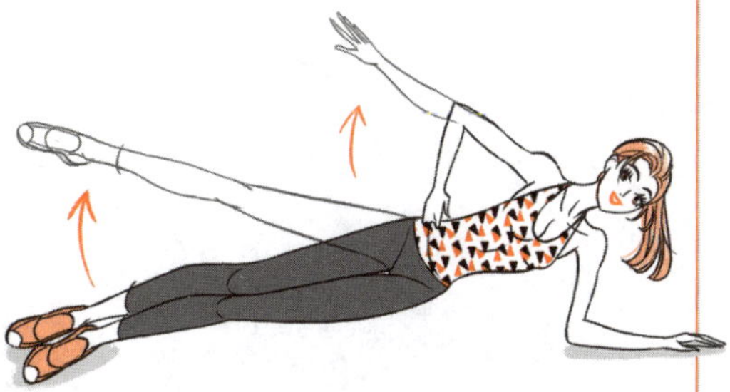

Pour les donkey kicks, vous pouvez mettre de petits lests sur vos chevilles si vous en avez.

- **Si vous êtes débutante**, répétez le circuit 1 à 2 fois.
- **Si vous pratiquez déjà une activité physique**, répétez le circuit 3 fois.
- Prenez 2 à 3 minutes de repos entre chaque circuit.
- N'oubliez pas le stretching à la fin de votre séance !

SÉANCE 2 : HAUT

Échauffements : échauffez votre buste (voir p. 21).

❶ **20 × burpees**

❷ **20 × barre front**

Pour le mouvement de la barre front, n'oubliez pas de prendre vos bouteilles remplies et de garder les coudes bien statiques et serrés.

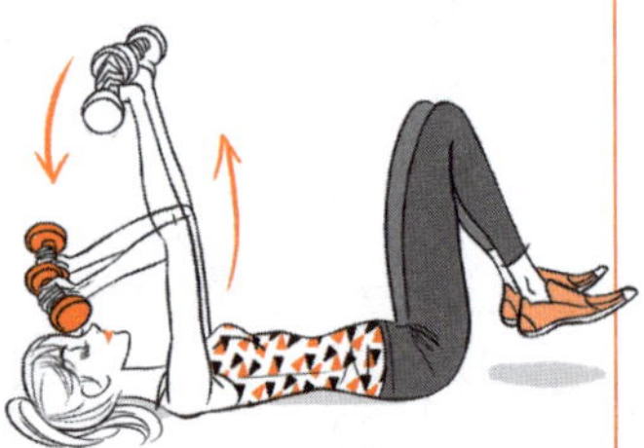

❸ **20 × dips**

1 minute de repos

4 40 × jumping jacks

5 20 × superman

6 10 × push ups

1 minute de repos

7 1 minute de sauts

- **Si vous êtes débutante**, répétez le circuit 1 à 2 fois.
- **Si vous pratiquez déjà une activité physique**, répétez le circuit 3 fois.
- **Adaptez les poids** à votre niveau et à vos capacités.
- Prenez 2 à 3 minutes de repos entre chaque circuit.
- N'oubliez pas le stretching à la fin de votre séance !

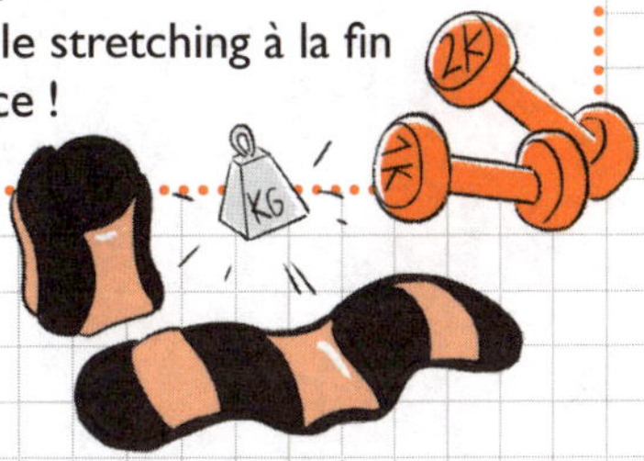

SÉANCE 3 : FULL BODY

1 40 × sauts

2 40 × jump sumo squats

3 40 × sumo squats petite amplitude

1 minute de repos

4 10 × burpees

5 20 × développés militaires

6 60 × rotations de buste

1 minute de repos

7 1 minute de gainage face

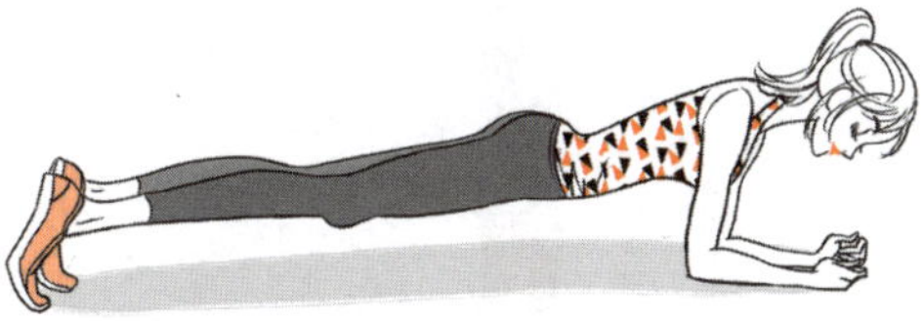

8 30 secondes de gainage côté gauche

9 30 secondes de gainage côté droit

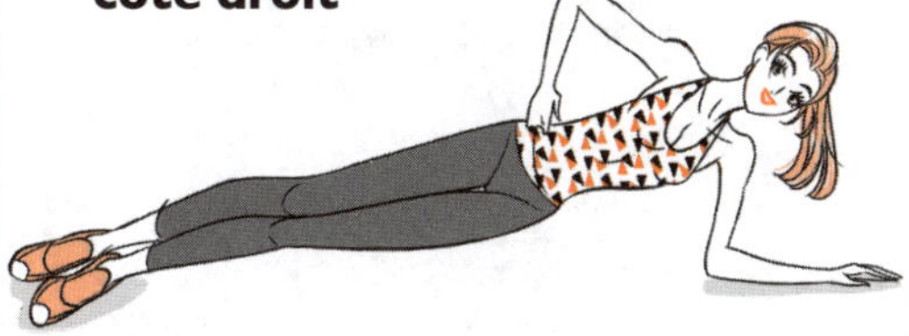

- **Si vous êtes débutante**, répétez le circuit 1 à 2 fois.
- **Si vous pratiquez déjà une activité physique**, répétez le circuit 3 fois.
- **Adaptez les poids** à votre niveau et à vos capacités.
- Prenez 2 à 3 minutes de repos entre chaque circuit.
- N'oubliez pas le stretching à la fin de votre séance !

Semaine 4 : J'atteins mon objectif !

Dernière ligne droite ! C'est le moment de vous envoler avec une alimentation légère et énergisante, et de vous dépasser en fitness. Le corps canon, c'est dans 7 jours !

Mon programme beauté

Cette semaine est très chargée !

- Je fais un ou deux masques pour mes cheveux.
- J'effectue un gommage et une hydratation supplémentaires de tout le corps quelques jours avant de partir.
- L'avant-veille du départ, je m'épile de haut en bas !
- La veille du départ, je fais ma manucure.

Mon programme nutrition

Maintenant que je mange healthy et que ça me plaît, je mise sur les produits vivants, superénergisants, tels que les fruits et les légumes. Je profite de l'été pour en consommer un maximum, en salade, en smoothie ou même cuisinés. Je suis pleine de peps et ultra-légère !

SÉANCE 1 : BAS

1 40 × fentes alternées-jump squats

❷ 20 × fentes montées sur banc de chaque côté

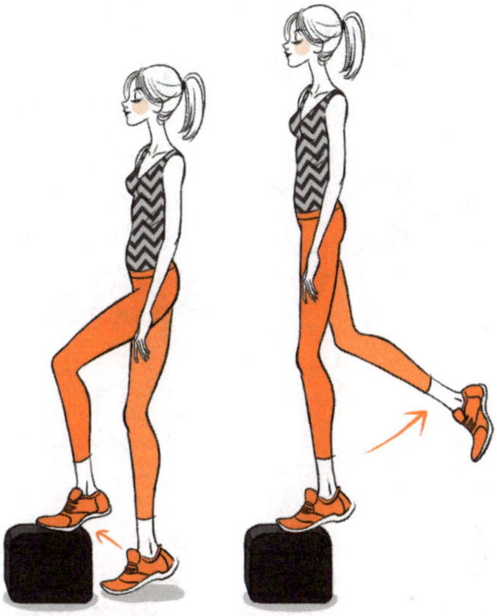

❸ 50 × extensions de mollets

1 minute de repos

❹ 40 × battements de jambes-jumping jacks

Les battements de jambes-jumping jacks se composent de 1 battement à gauche, 1 battement à droite puis 1 jumping jack, à répéter 40 fois.

5 15 × dips

6 15 × push ups

1 minute de repos

7 10 × abdominaux sur le dos avec relevé de jambes

- **Si vous êtes débutante**, répétez le circuit 1 à 2 fois.
- **Si vous pratiquez déjà une activité physique**, répétez le circuit 3 fois.
- Prenez 2 à 3 minutes de repos entre chaque circuit.
- N'oubliez pas le stretching à la fin de votre séance !

SÉANCE 2 : HAUT

Échauffements : échauffez votre buste (voir p. 21).

1 60 × talons-fesses

2 20 × barre front

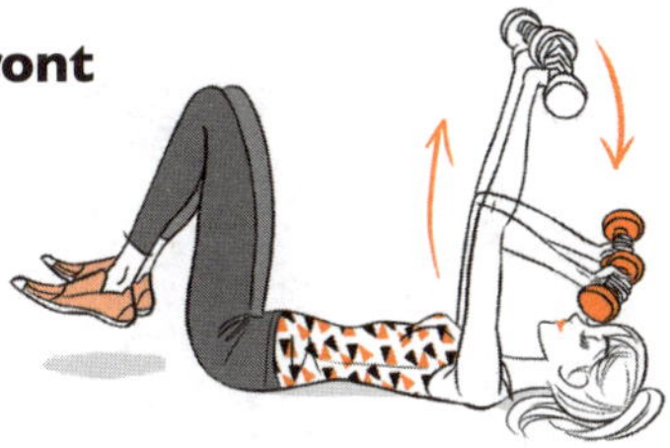

3 20 × dips

1 minute de repos

4 60 × mountain climber

5 20 × élévations avant

6 20 × élévations latérales

7 20 × élévations arrière

8 20 × mouvements « oiseau »

1 minute de repos

9 Gainage sur une jambe et un bras de chaque côté à l'échec

À l'échec signifie jusqu'à ce que vous n'en puissiez plus !

- **Si vous êtes débutante**, répétez le circuit 1 à 2 fois.
- **Si vous pratiquez déjà une activité physique**, répétez le circuit 3 fois.
- **Adaptez les poids** à votre niveau et à vos capacités.
- Prenez 2 à 3 minutes de repos entre chaque circuit.
- N'oubliez pas le stretching à la fin de votre séance !

SÉANCE 3 : FULL BODY

1 40 × jump squats

2 40 × fentes alternées

3 20 × fentes alternées en petite amplitude

1 minute de repos

④ 20 × commandos

⑤ 30 secondes de mountain climber

⑥ 10 × spider plank de chaque côté

1 minute de repos

⑦ 1 minute de montées de genoux

- **Si vous êtes débutante**, répétez le circuit 1 à 2 fois.
- **Si vous pratiquez déjà une activité physique**, répétez le circuit 3 fois.
- Prenez 2 à 3 minutes de repos entre chaque circuit.
- N'oubliez pas le stretching à la fin de votre séance !

Vous avez réussi votre challenge beach body, *cheers !* Bienvenue parmi les fit-girls, et adoptez cette nouvelle routine à vie ! Vous pourrez alors refaire ce programme plusieurs fois, ou vous inspirer des mouvements proposés pour créer vos propres workouts.

Bilan

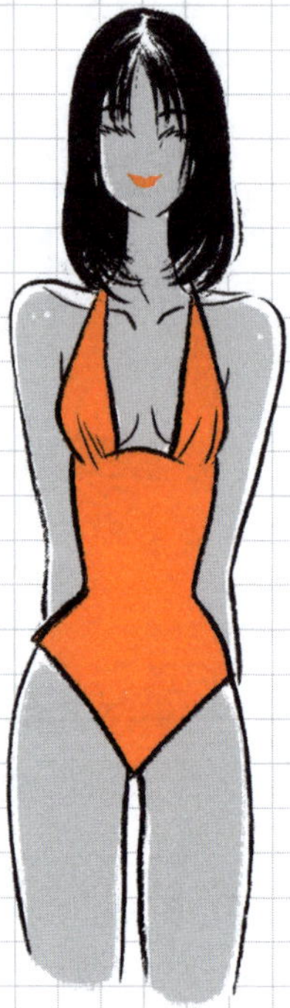

Bravo, vous avez terminé votre beach body challenge ! Vous avez appliqué tous mes conseils concernant votre alimentation : vous avez réduit les produits industriels et les sucres raffinés et avez privilégié une alimentation riche en fibres, vitamines et minéraux. Vous vous sentez moins ballonnée, votre transit s'est amélioré et vous commencez à vous sentir mieux dans vos vêtements. Grâce au fitness, votre peau s'est raffermie, vos courbes se sont tonifiées et la cellulite commence petit à petit à s'en aller. Êtes-vous prête pour la plage ?
C'est le moment de faire un bilan pour mesurer vos résultats.

Mes mensurations après

Tour de taille : ....

Tour de hanches : ....

Tour de fesses : ....

Tour de cuisses : ....

Tour de mollets : ....

Tour de bras : ....

Tour de poitrine : ....

Mes photos après

Face

Dos